Libro de Colorear para adultos

OBRAS MAESTRAS DE LA PINTURA UNIVERSAL

40 Obras de Arte para Colorear de Grandes Pintores del Mundo

Ryan Mvas

OBRAS MAESTRAS DE LA PINTURA UNIVERSAL

LIBRO DE COLOREAR PARA ADULTOS

40 Obras de Arte para Colorear de Grandes Pintores del Mundo

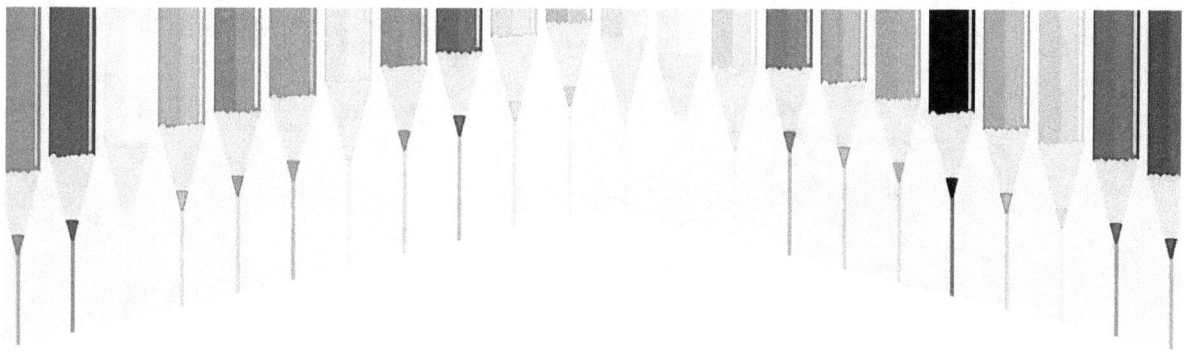

Les presento un hermoso libro para colorear obras maestras, con un estilo único de dibujos de la marca editorial Ryan Avas.

Relájese y disfrute mientras colorea nuestro libro "OBRAS MAESTRAS DE LA PINTURA UNIVERSAL. Libro de Colorear para Adultos", con una variedad de las mejores obras de arte de todos los tiempos. Distintas ilustraciones que darán color a tu inspiración, con cuadros famosos de grandes pintores como Van Gogh, Goya, El Greco, Velázquez, Picasso, Dalí, y otros grandes pintores.

Tome sus materiales de dibujo y cree su propia colección de obras maestras de la pintura universal. Nuestro libro OBRAS MAESTRAS DE LA PINTURA UNIVERSAL promete horas de diversión y relajación para coloristas de todas las edades.

Libera el artista que llevas dentro y disfruta de horas de diversión coloreando obras maestras.

Ryan Avas

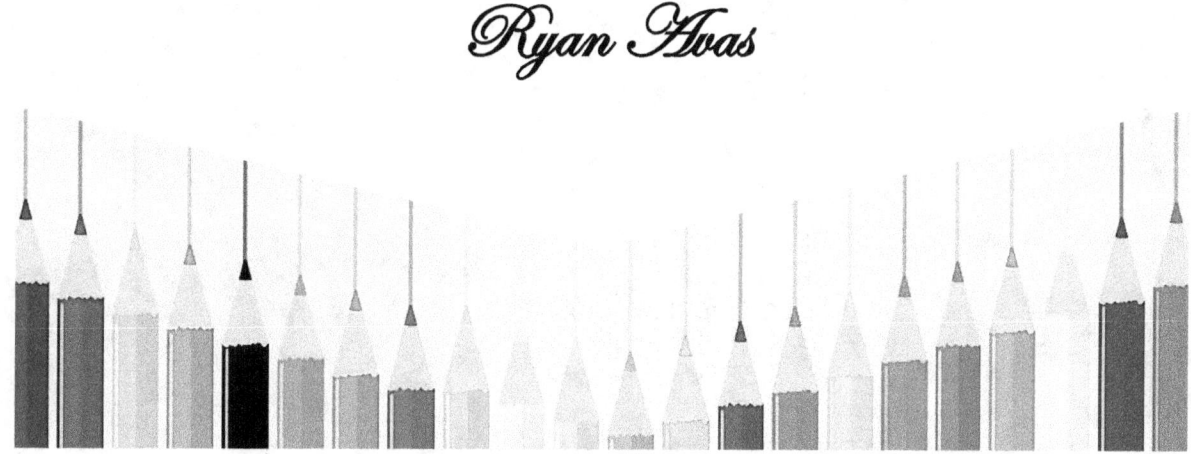

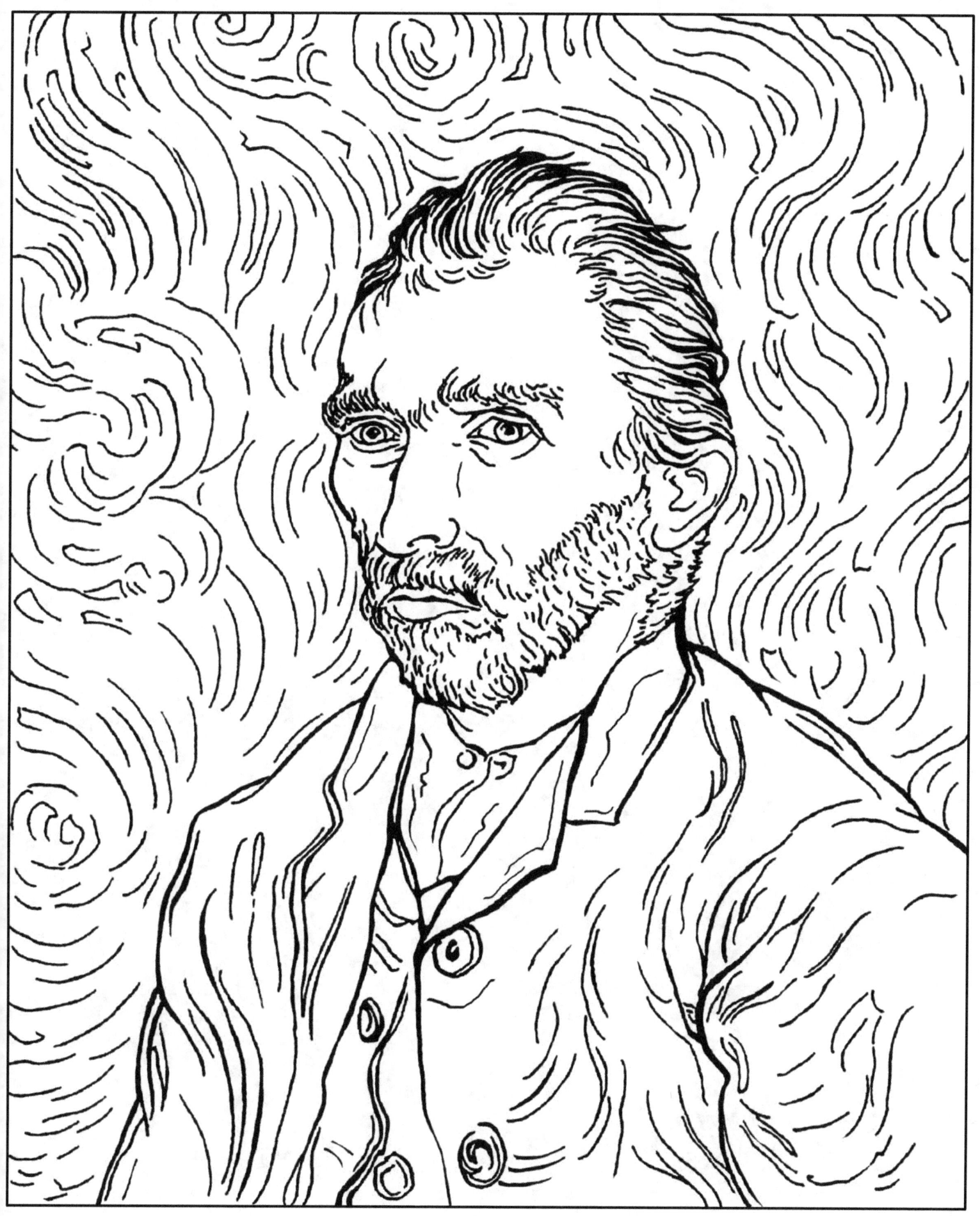

Vicent Van Gogh. Autorretrato. 1889

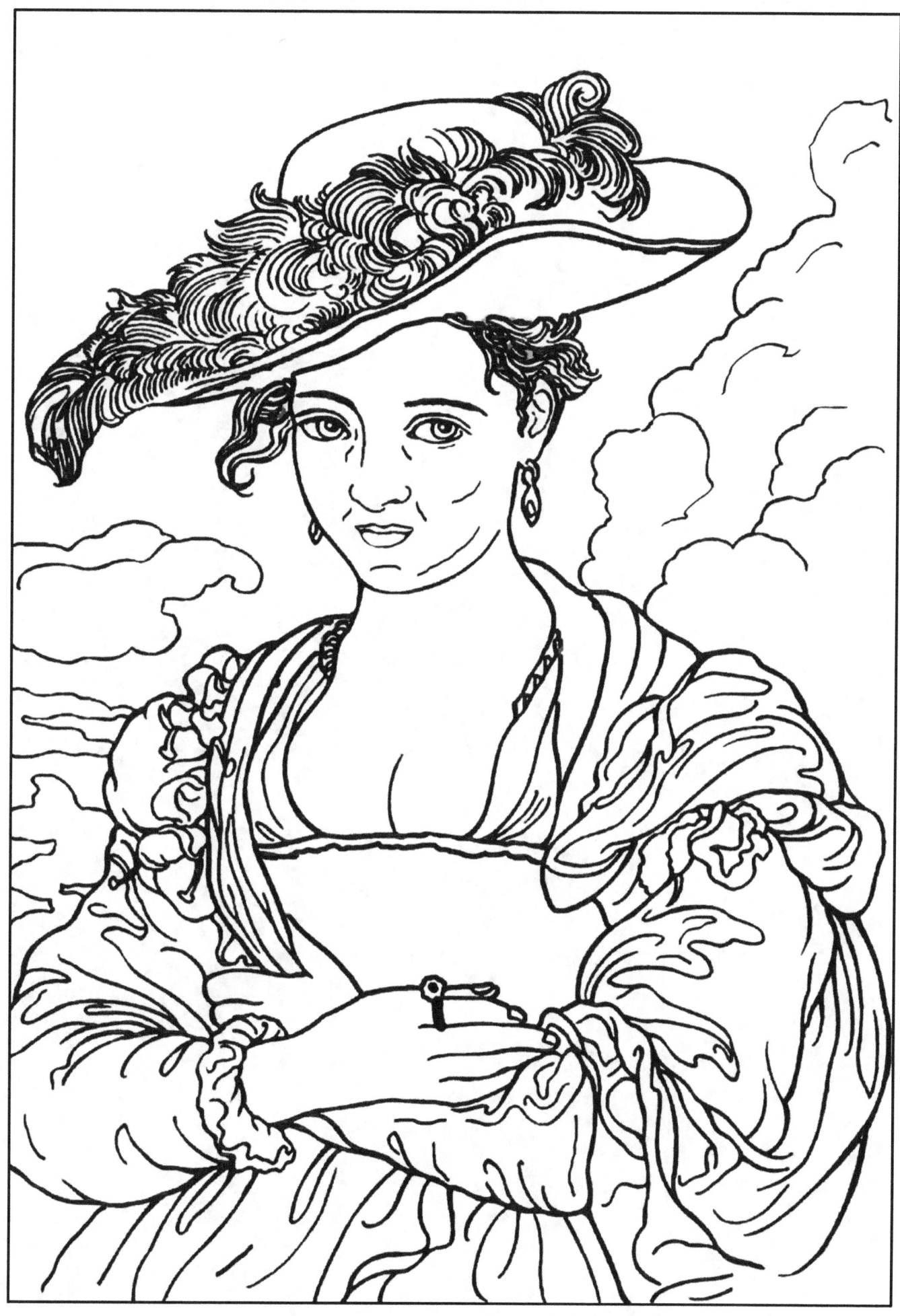

Peter Paul Rubens. Retrato de Susanna Lunden. 1622

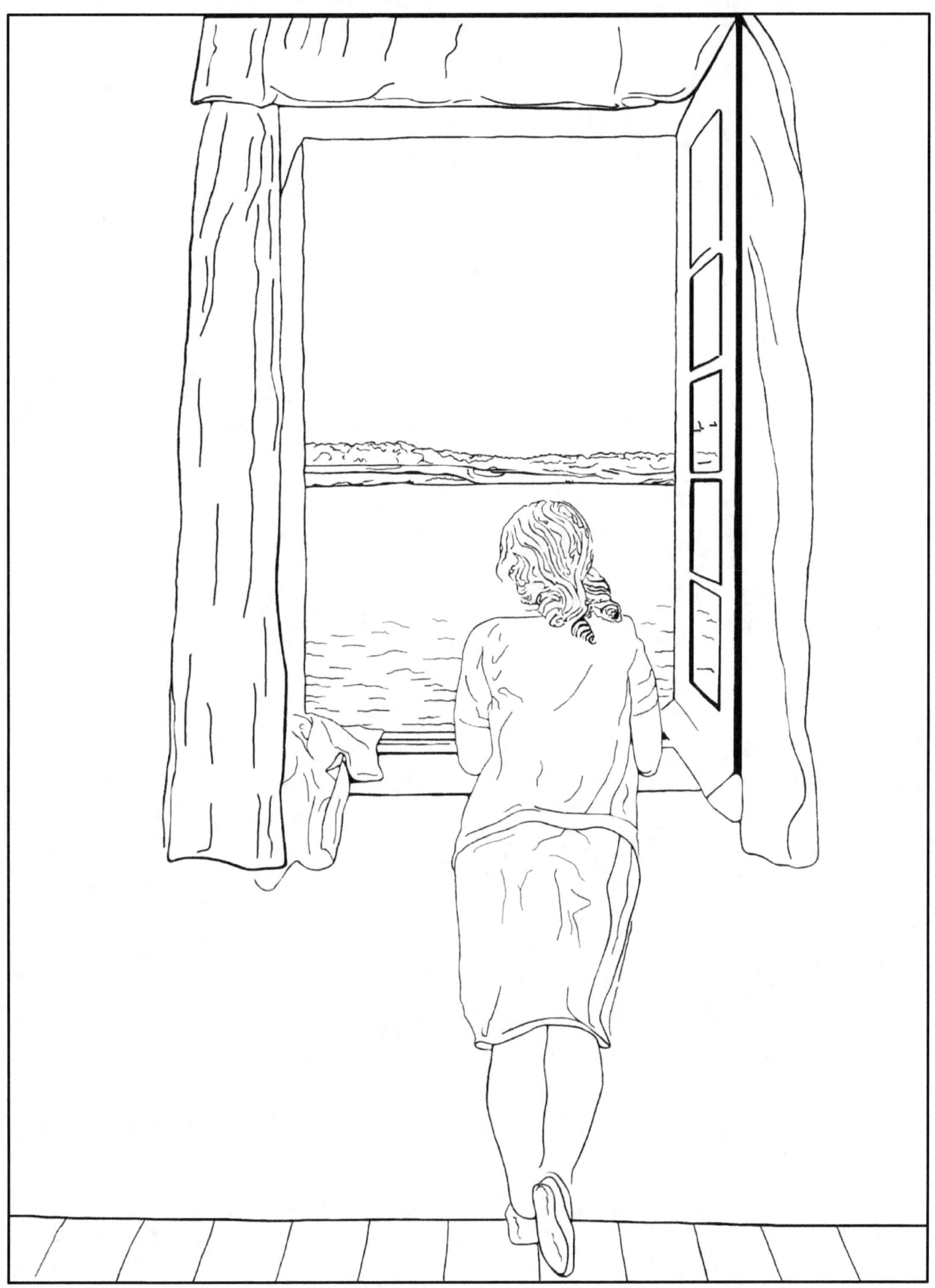

Salvador Dalí. Muchacha en la ventana. 1925

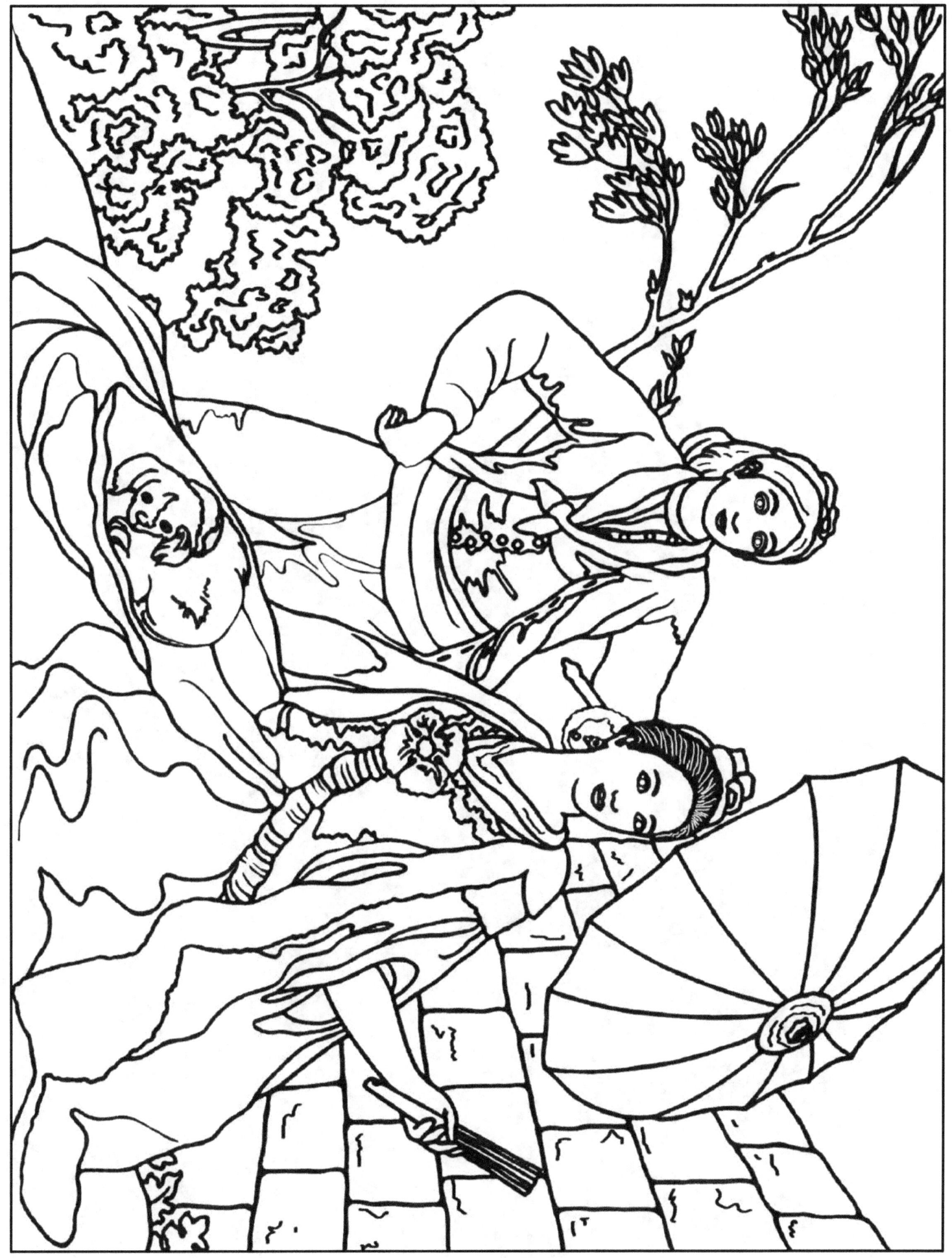

Francisco de Goya. El quitasol. 1777

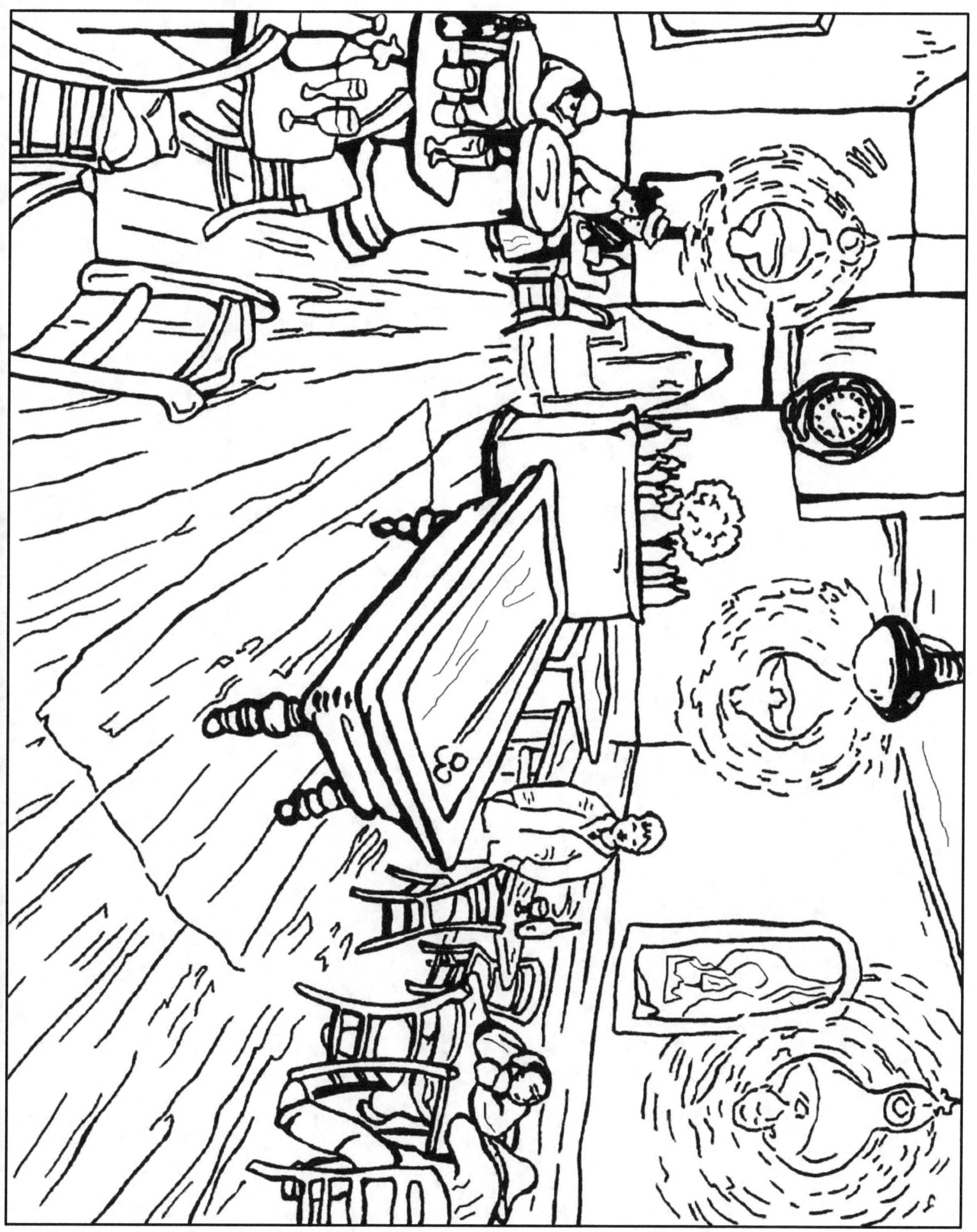

Vicent Van Gogh. Café nocturno. 1888

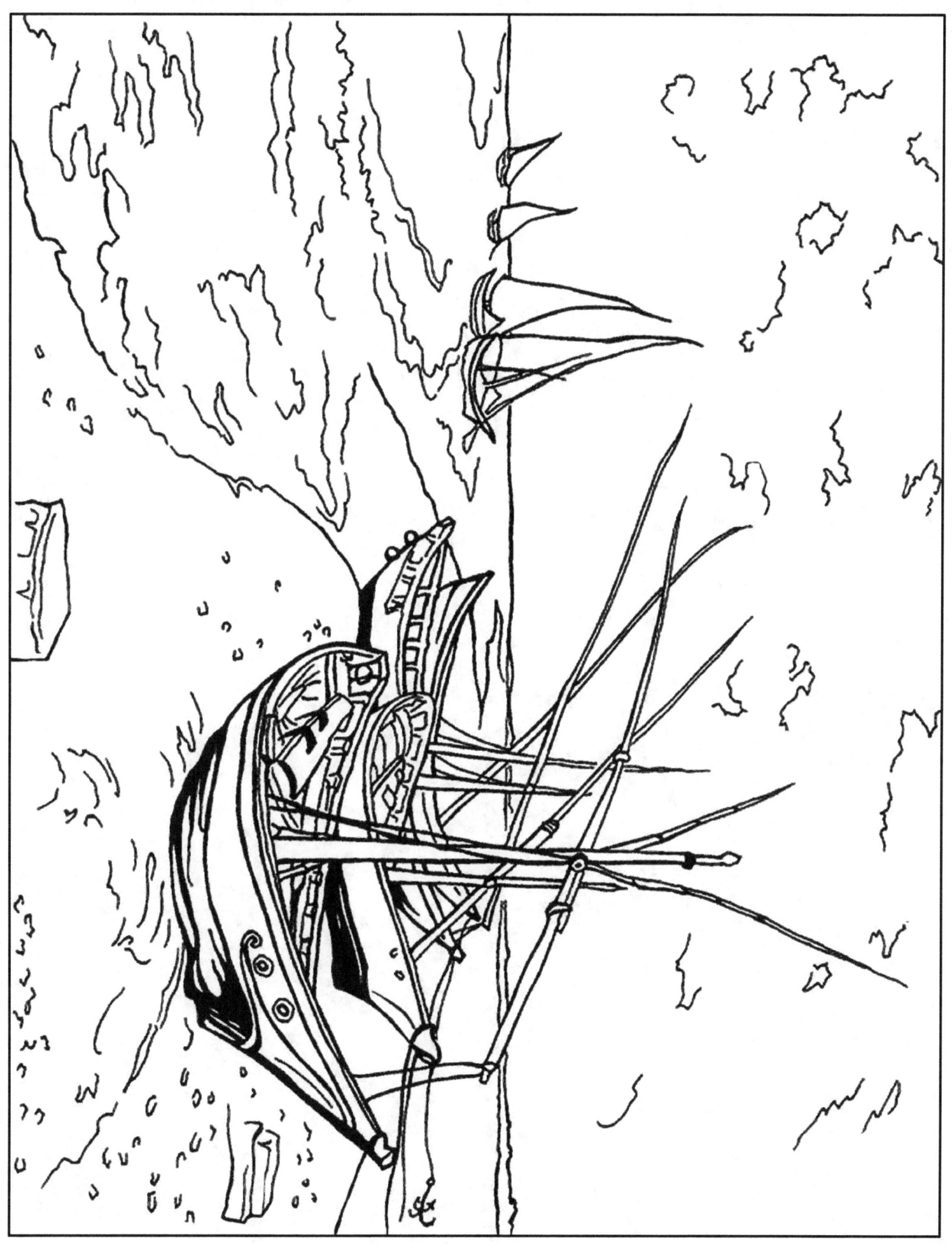

Vicent Van Gogh. Barcos de pesca en la playa de Saintes-Maries. 1888

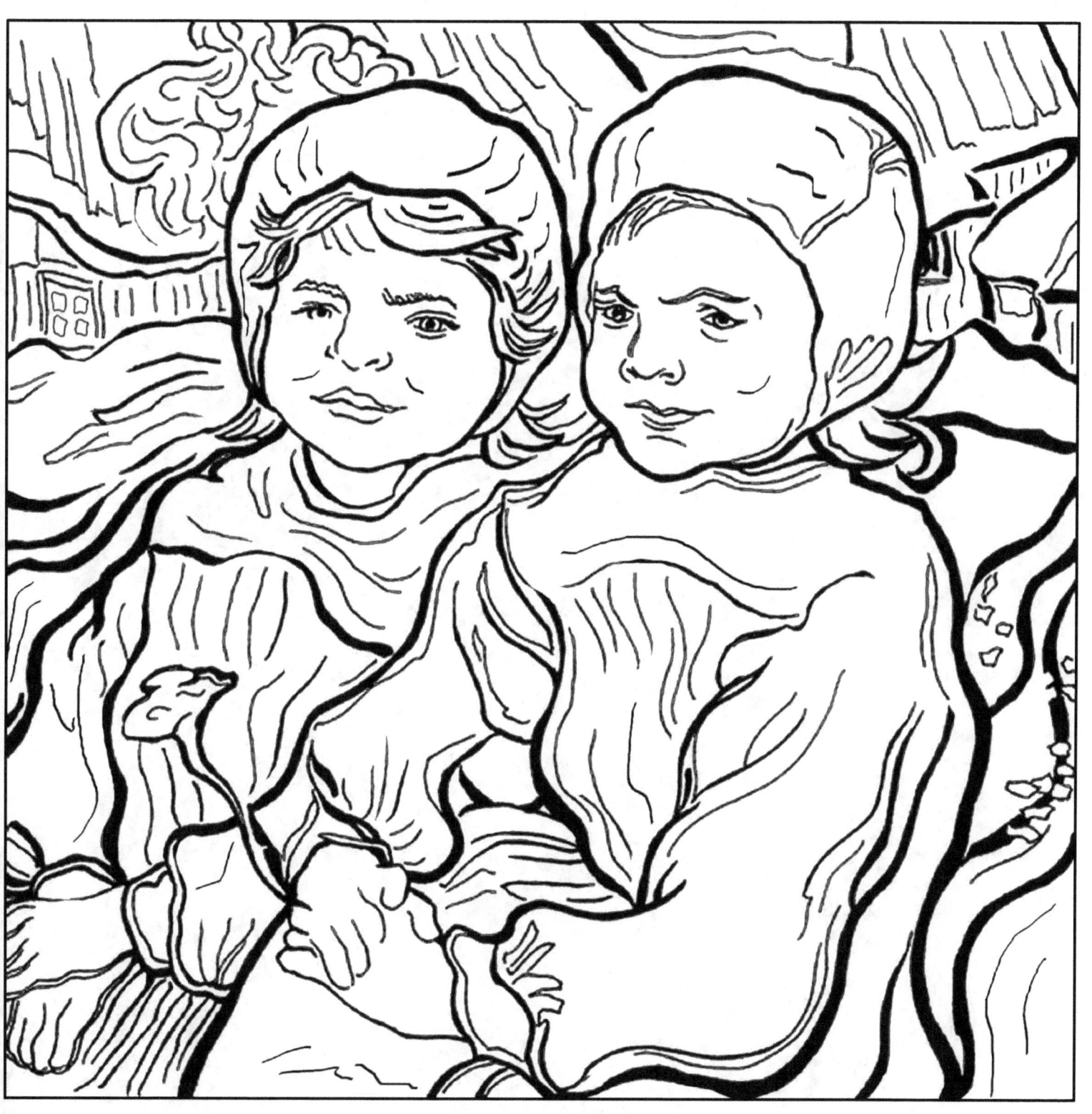

Vicent Van Gogh. Dos niñas. 1890

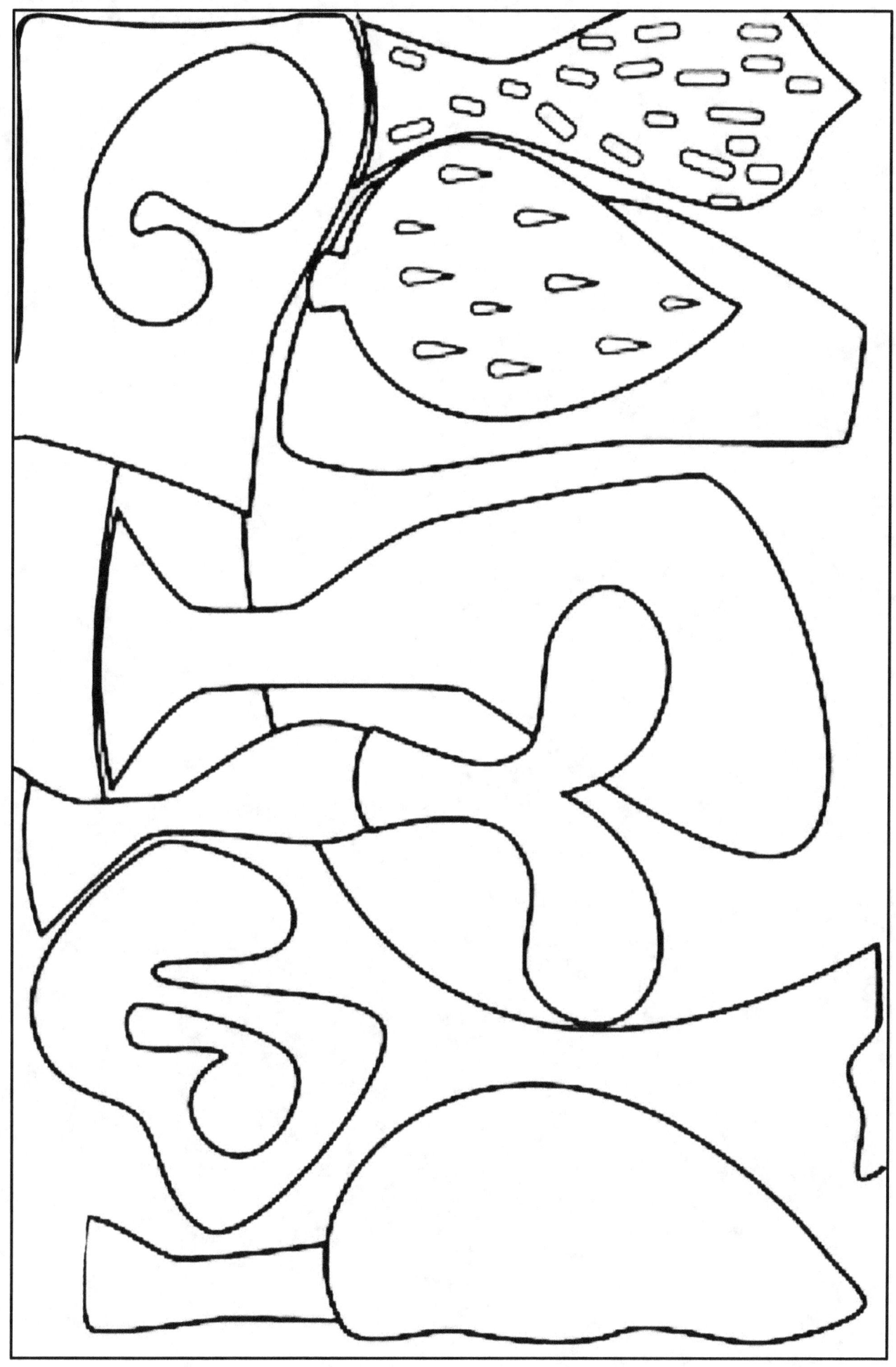

Paul Klee. 1940

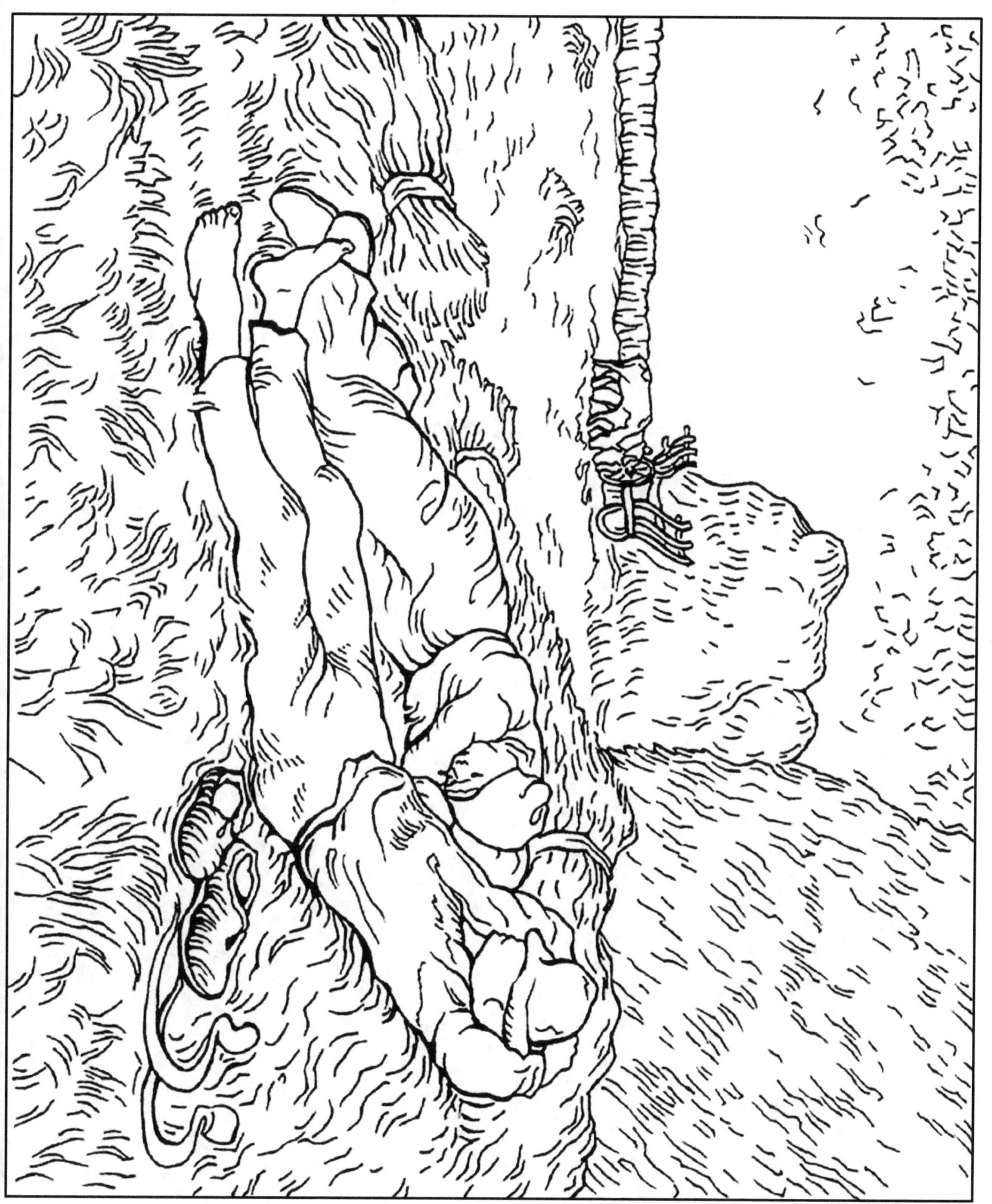

Vicent Van Gogh. Descanso por la tarde. 1890

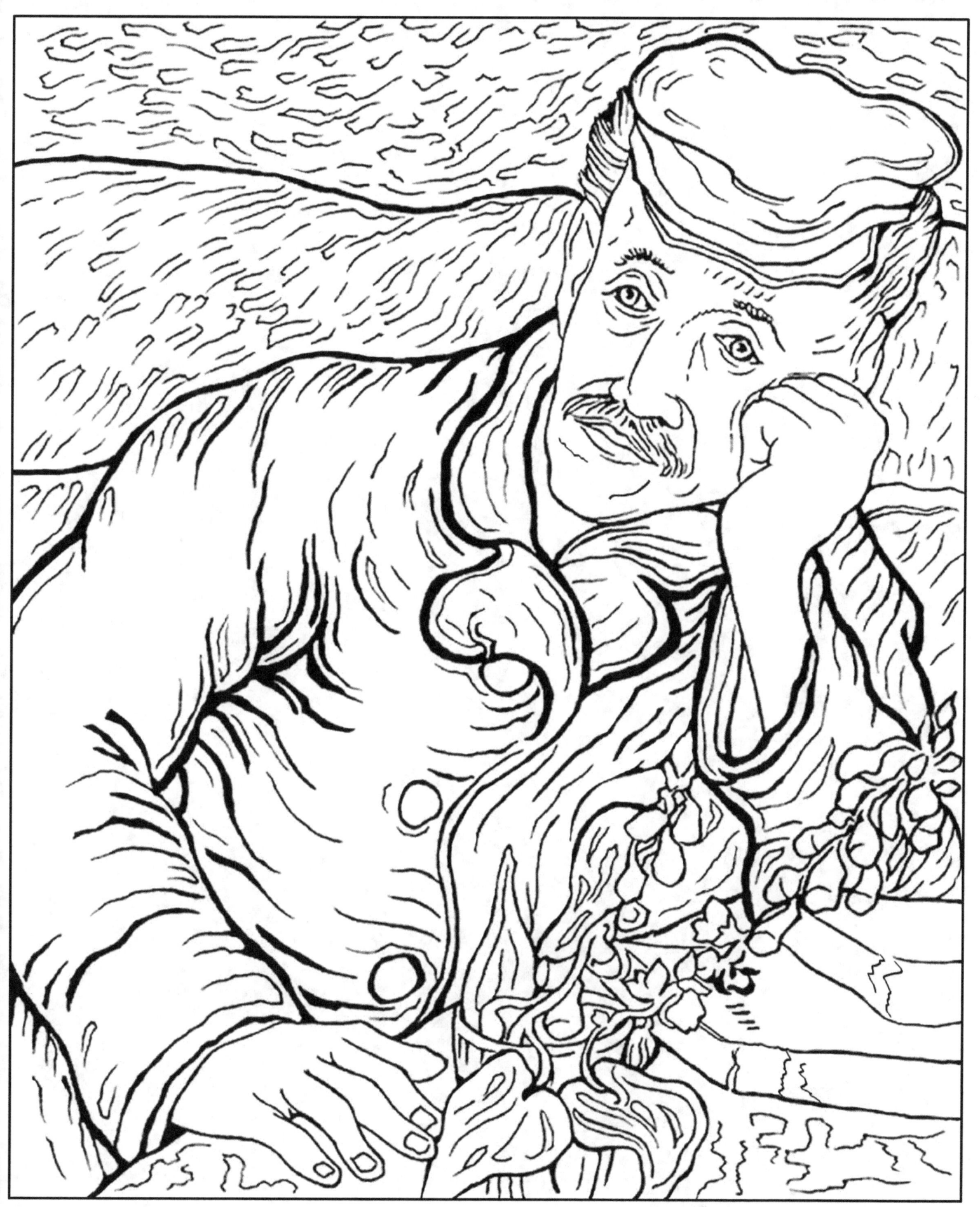

Vicent Van Gogh. El doctor Paul. 1890

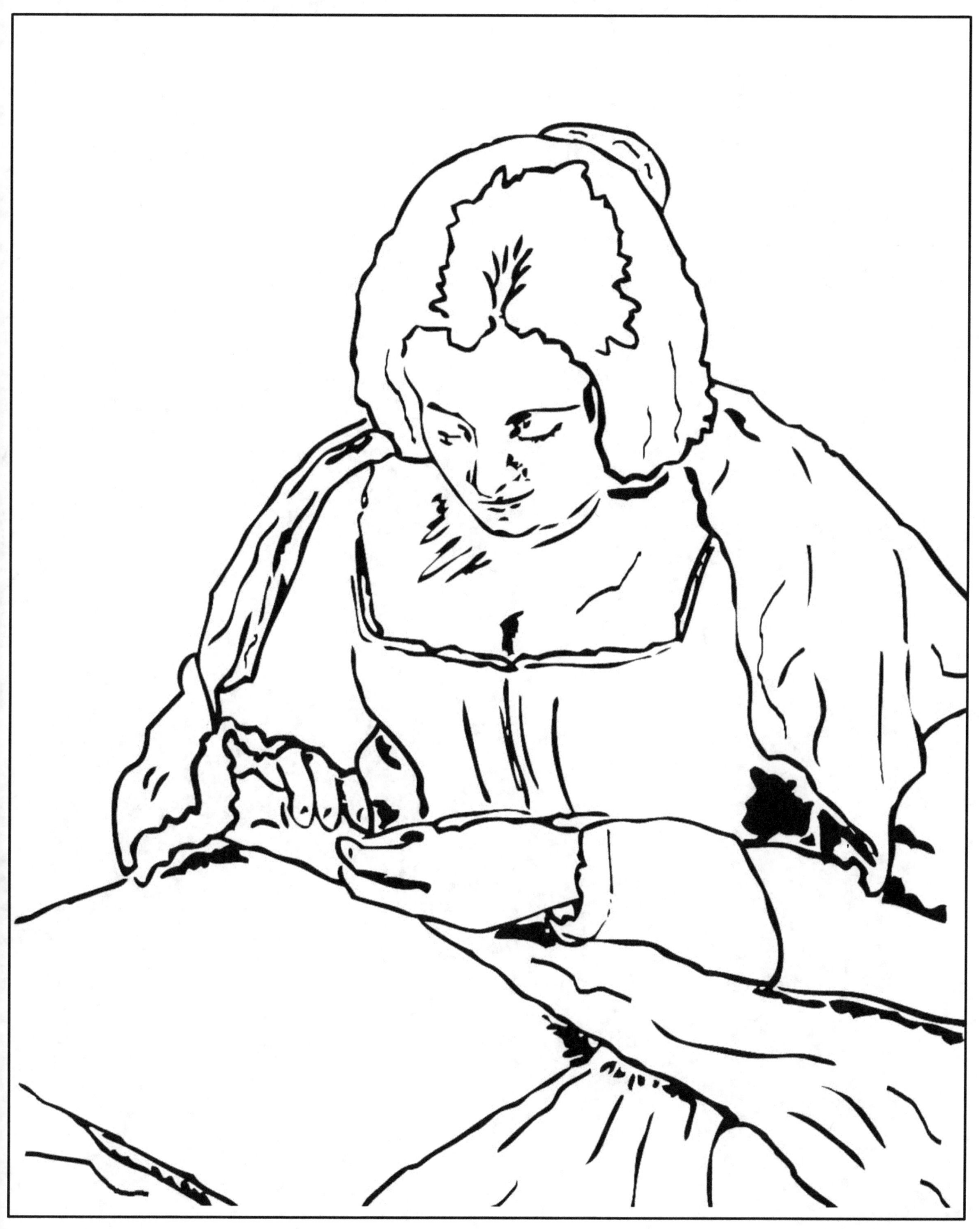

Diego Velázquez. La costurera. 1635-1643

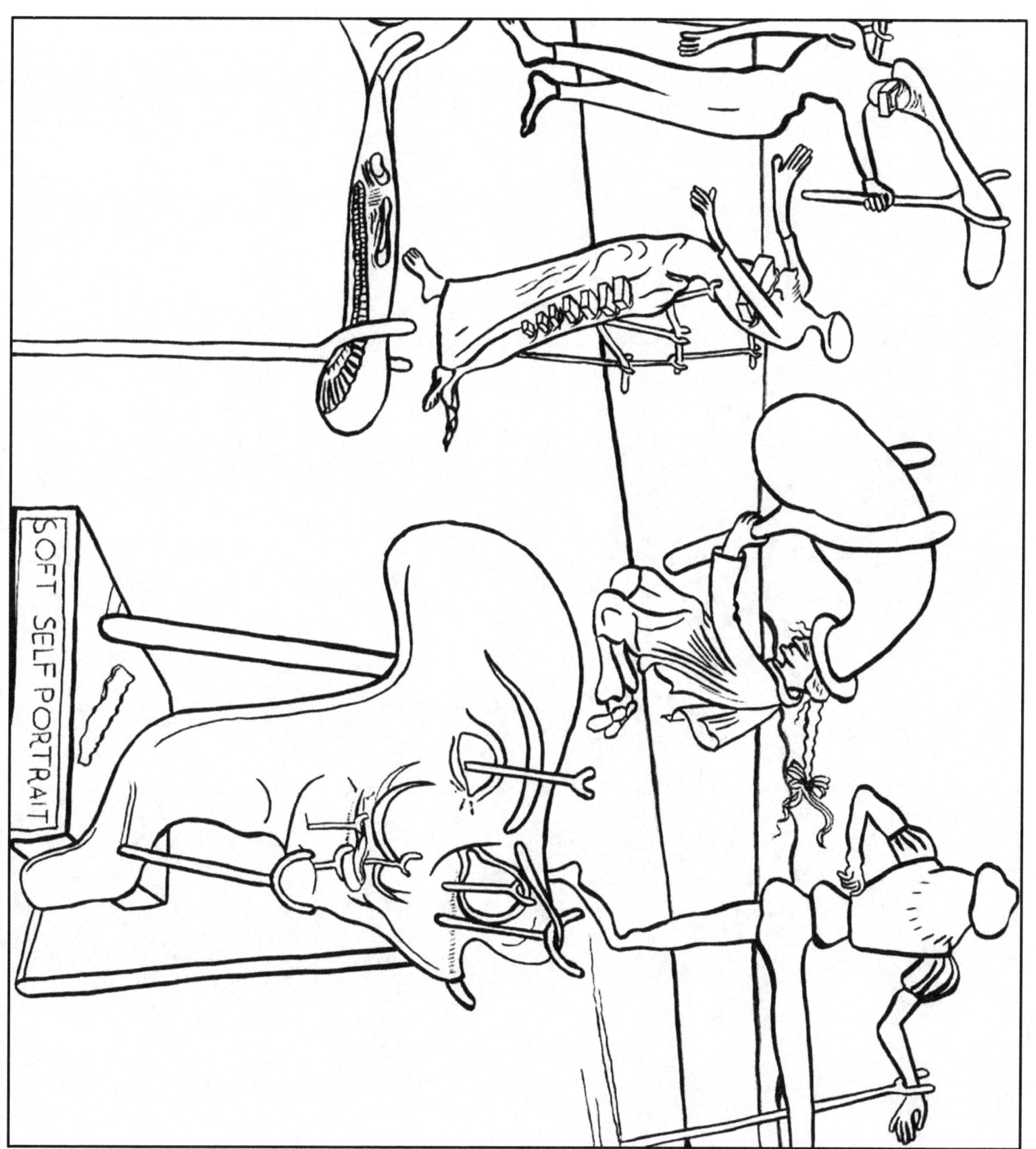

Salvador Dali. Autorretrato. 1890

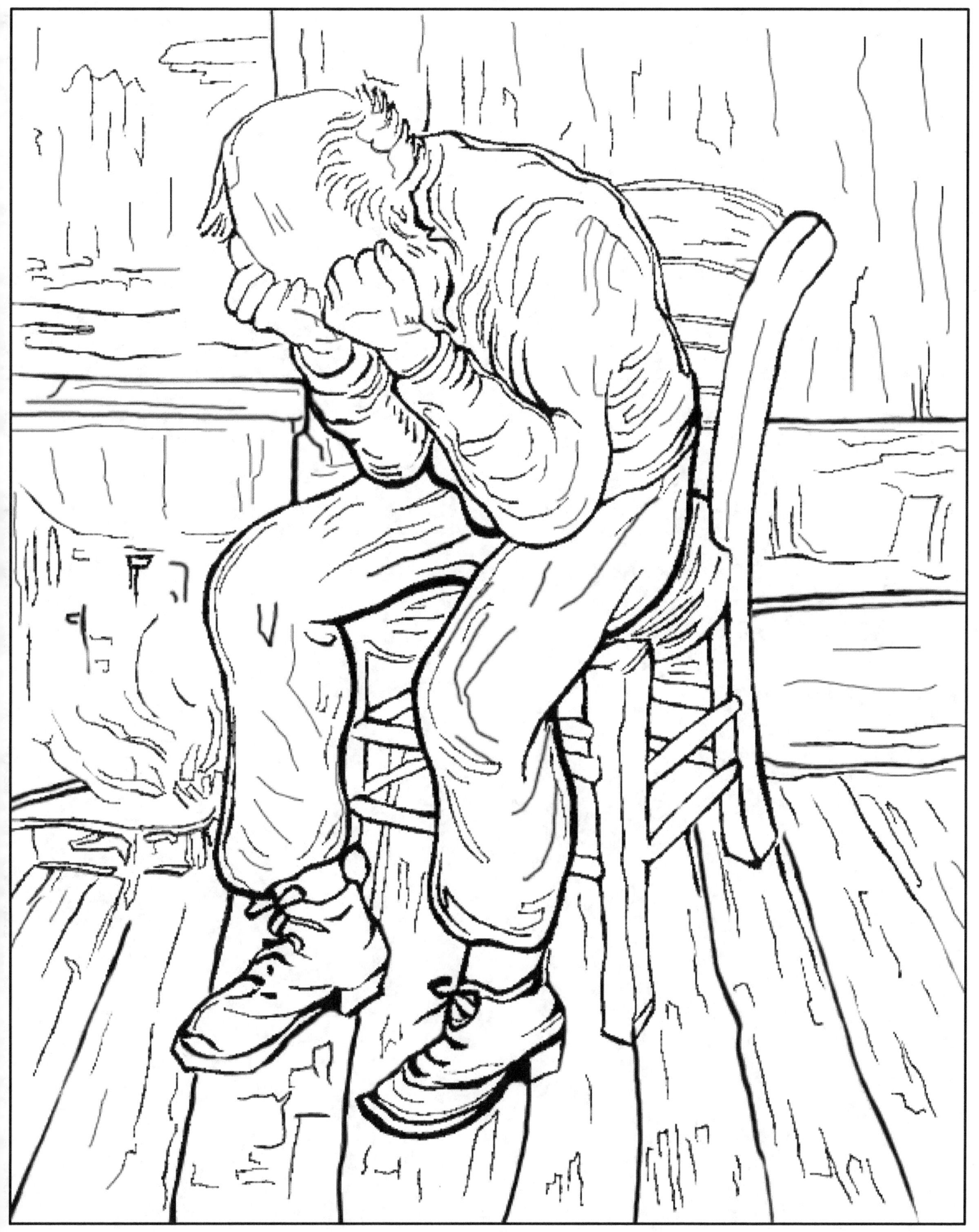

Vicent Van Gogh. Anciano afligido. 1890

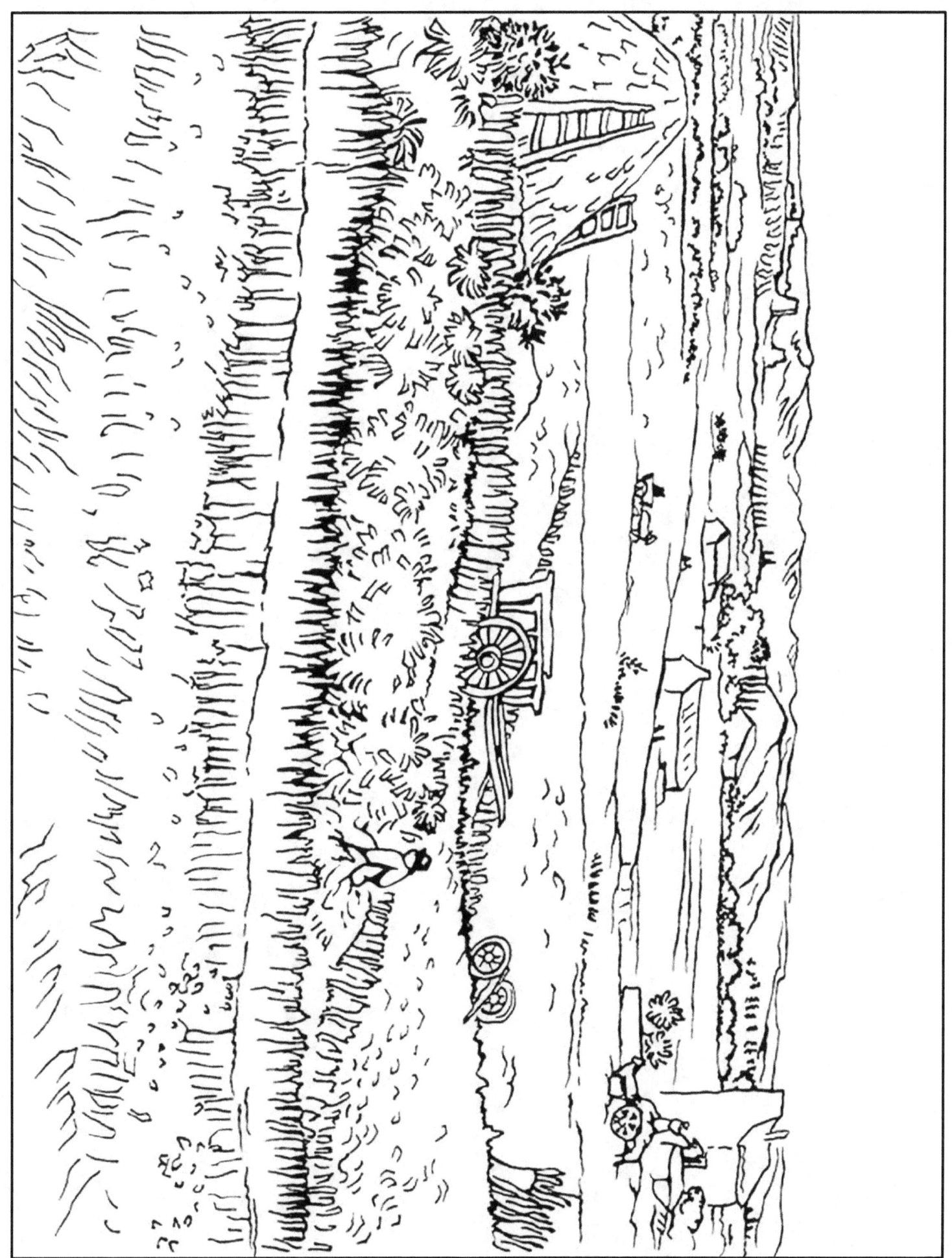

Vicent Van Gogh. Cosecha en La Crau. 1888

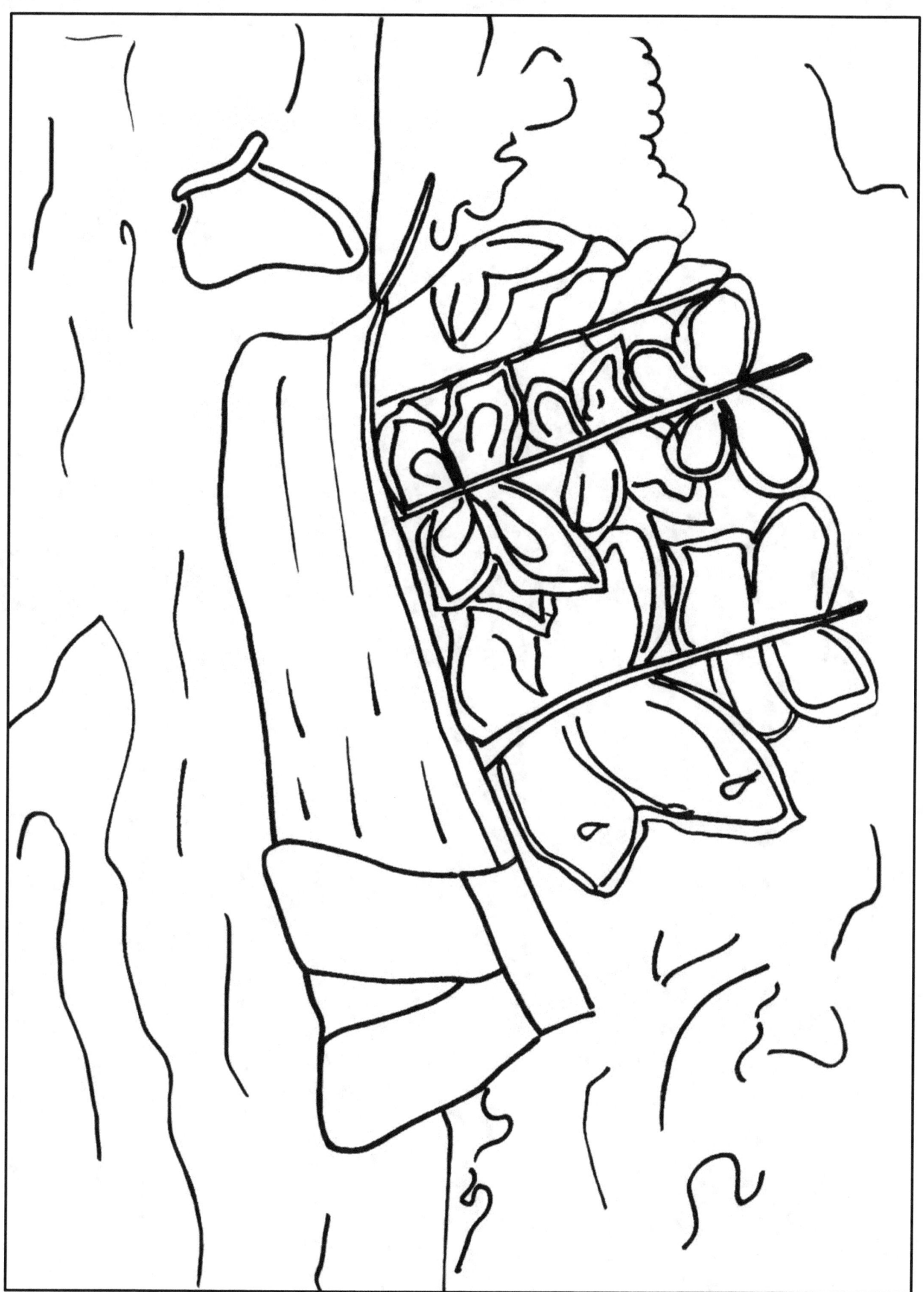

Salvador Dali. El barco de mariposas.

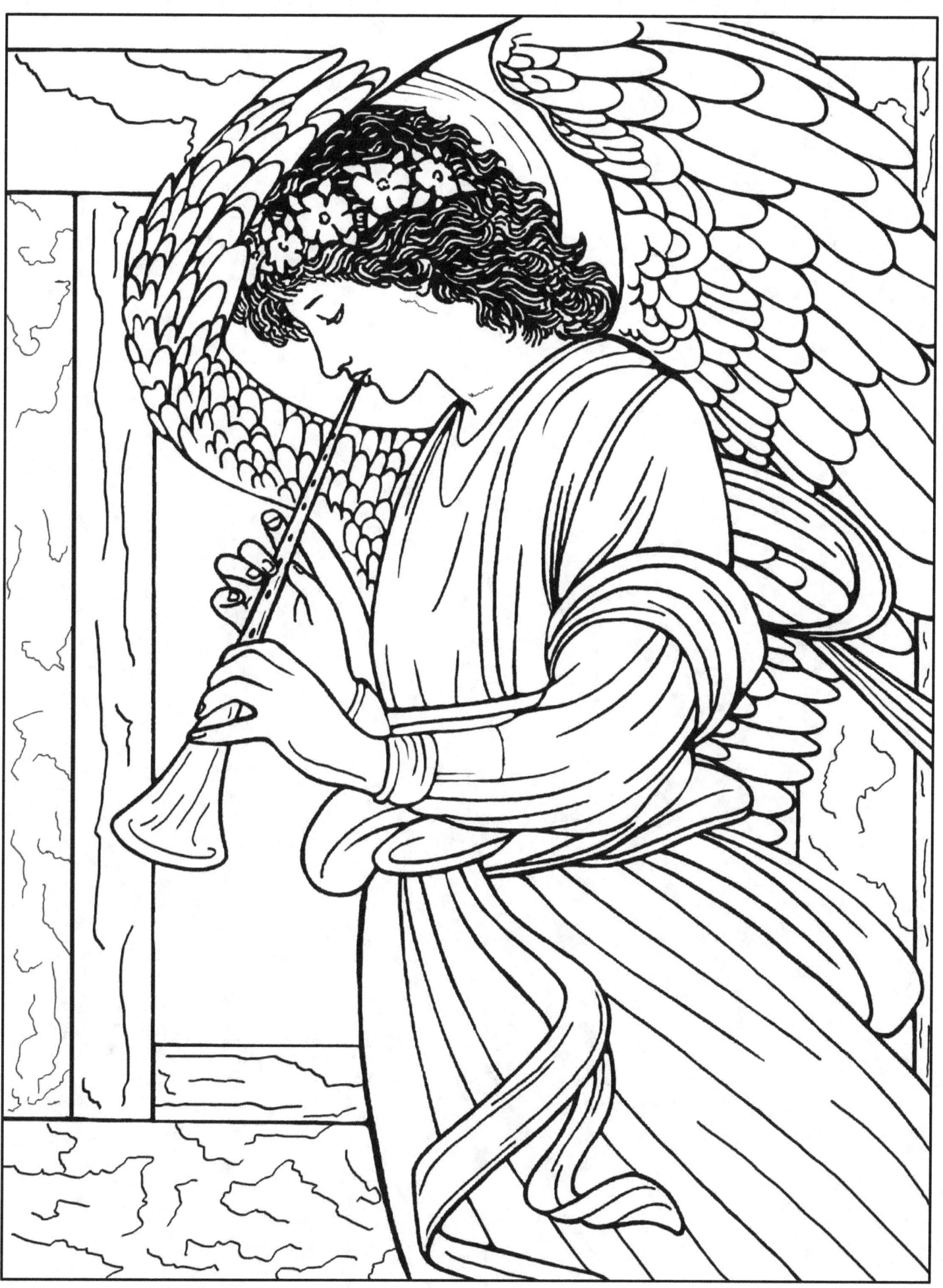

Edward Burne-Jones. Un ángel tocando una flauta. 1878

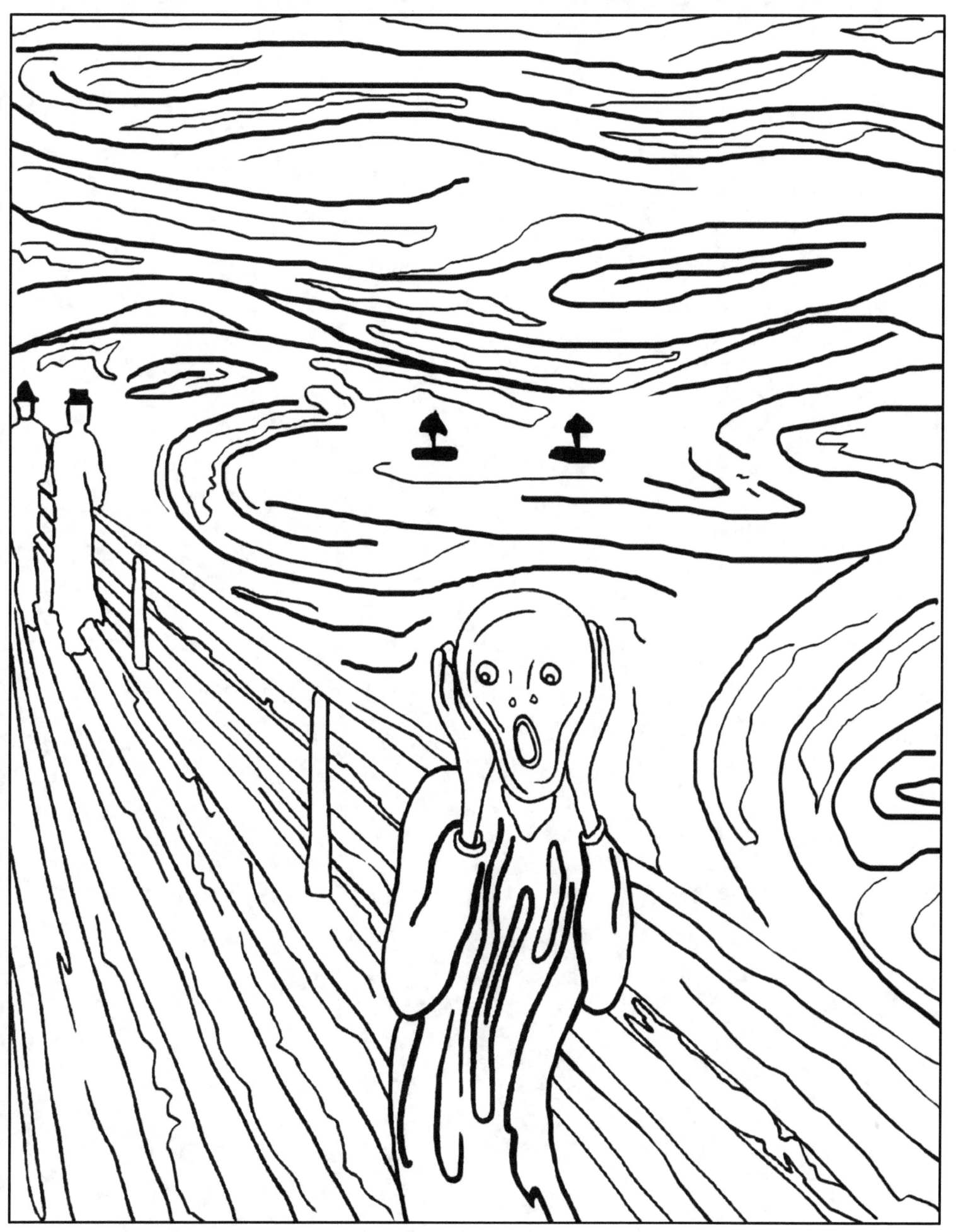

Edvard Munch. El Grito. 1893

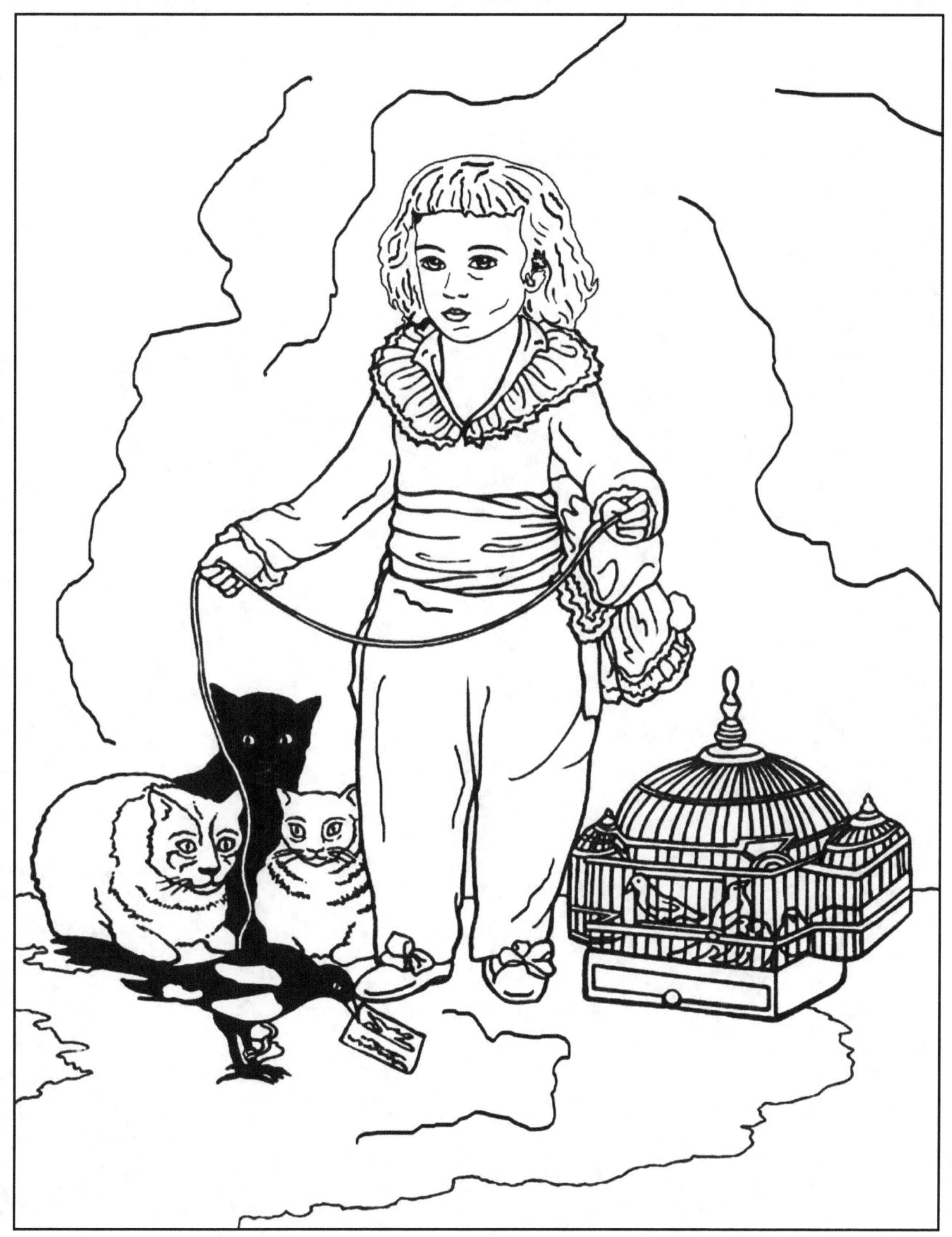

Francisco de Goya. Don Manuel Osorio Manrique de Zúñiga, niño. 1787

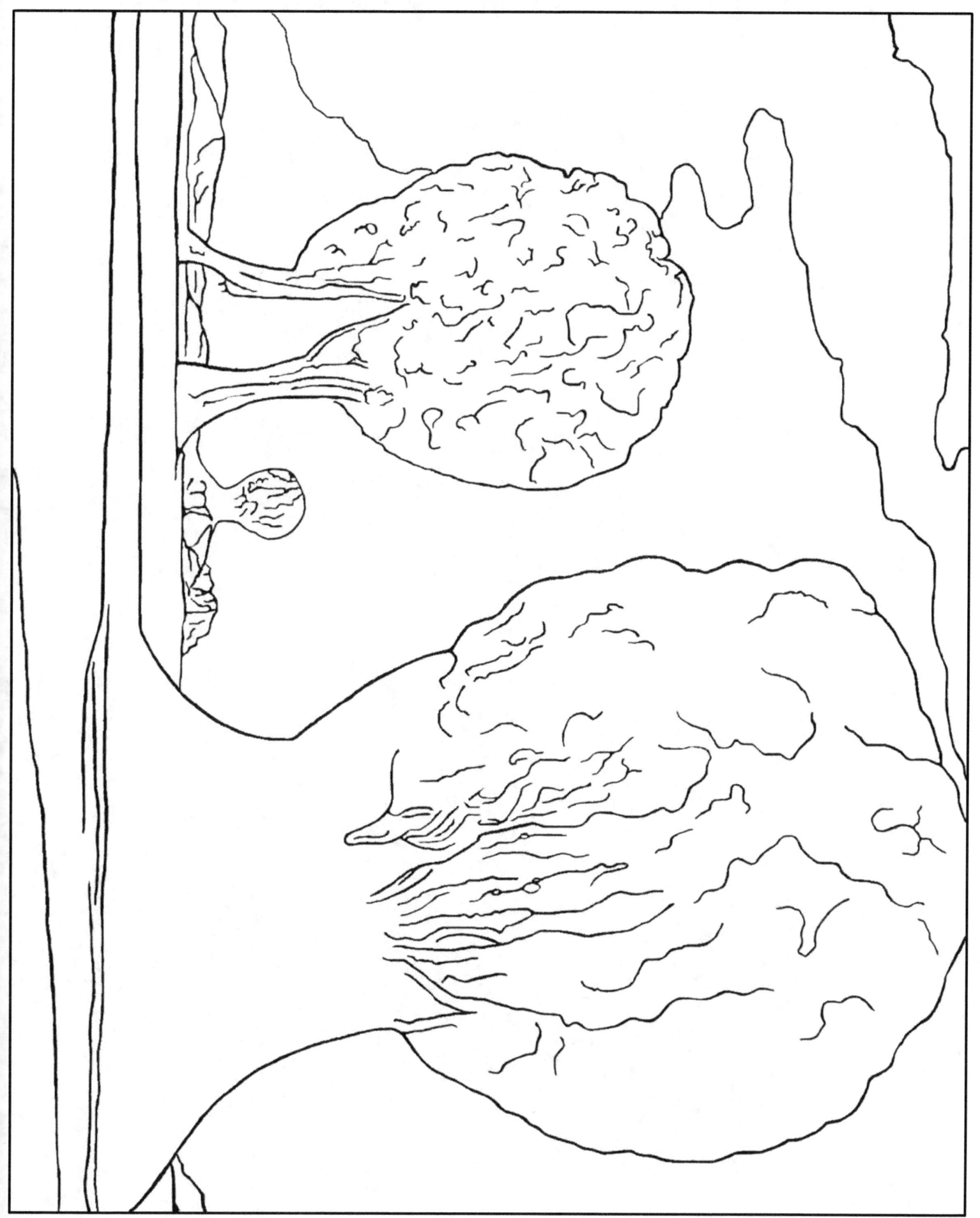

Salvador Dalí. Las tres esfinges. 1947

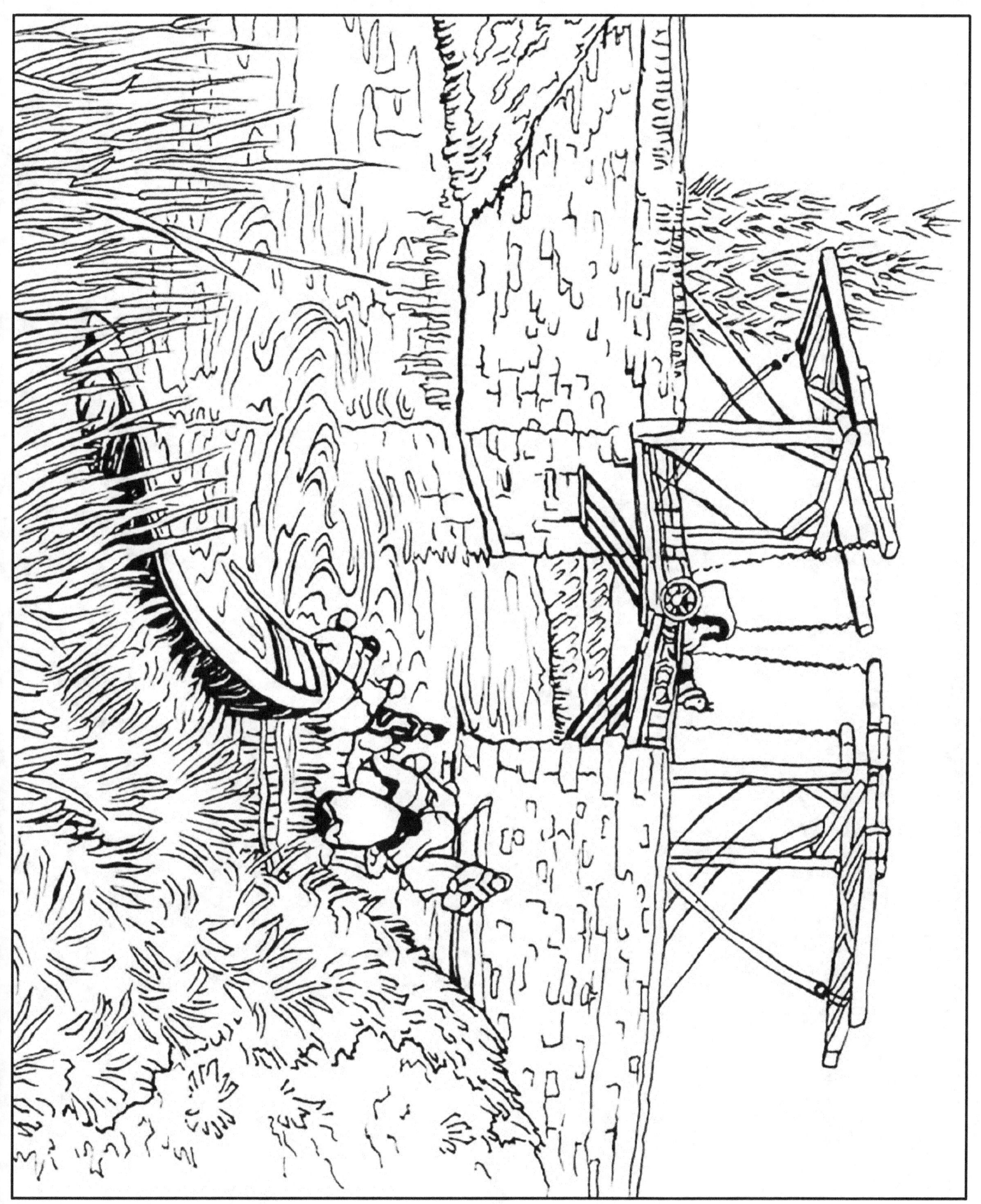

Vicent Van Gogh. Puente levadizo en Arles. 1888

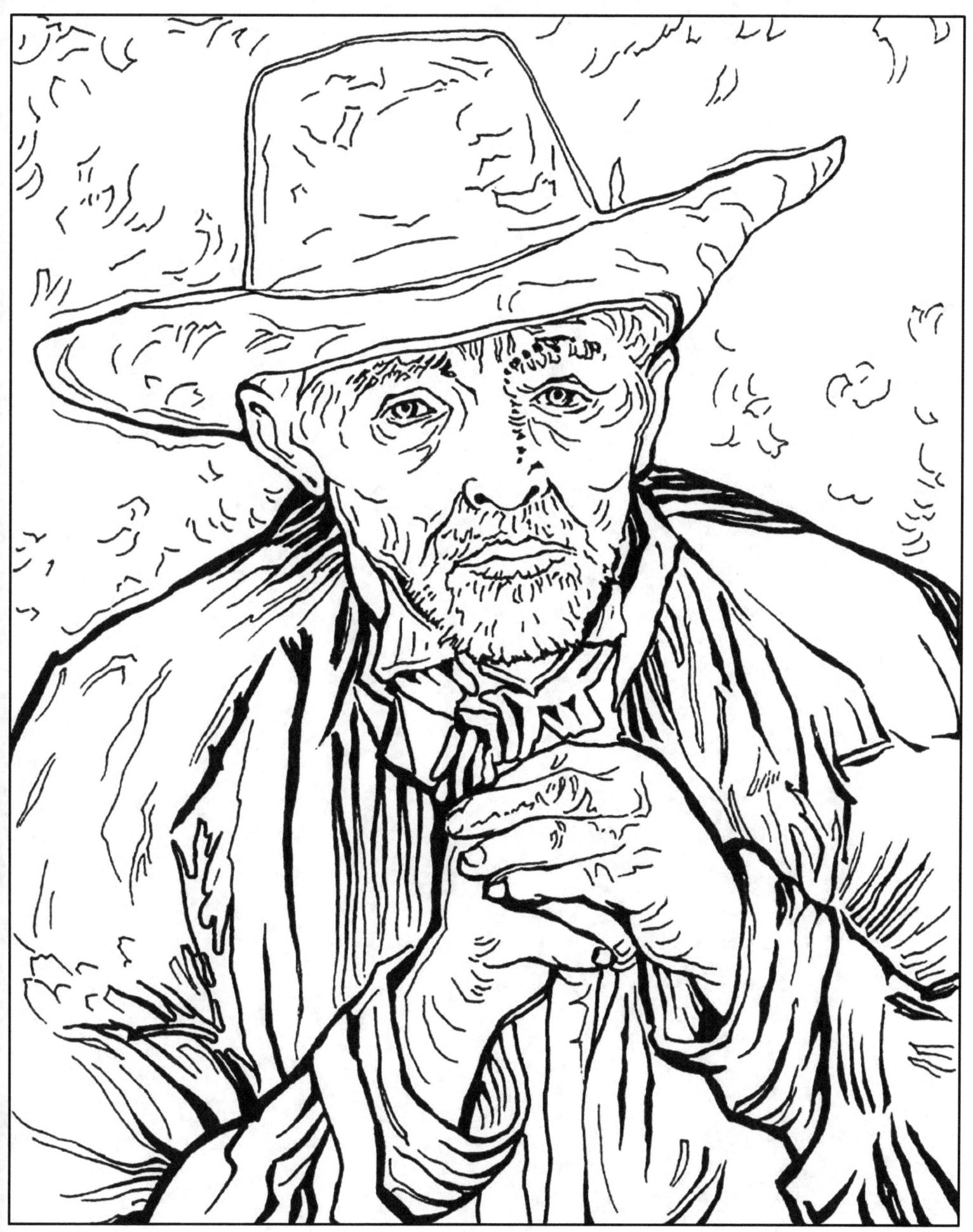

Vicent Van Gogh. Retrato de Paciencia Escalier. 1888

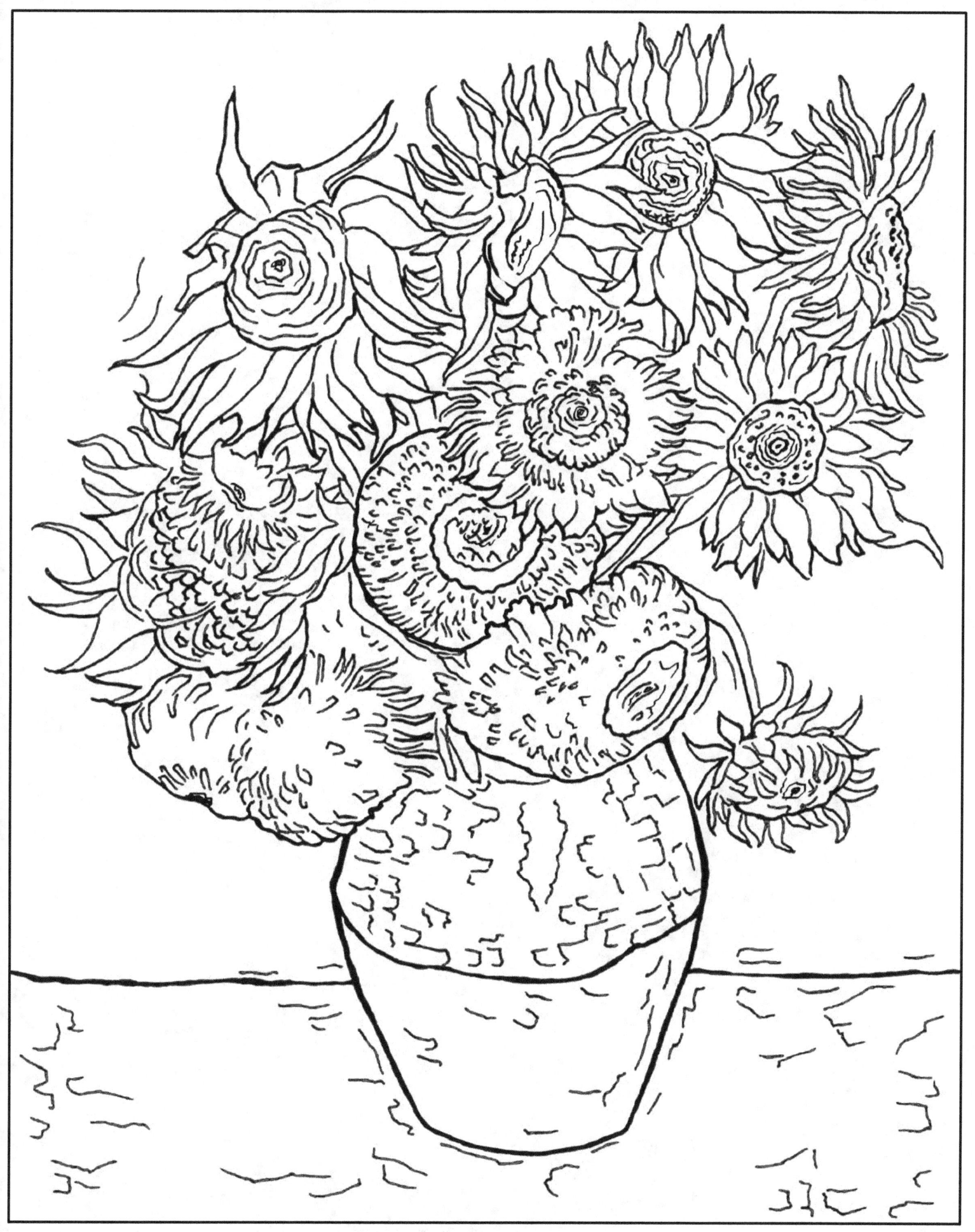

Vicent Van Gogh. Los Girasoles. 1888

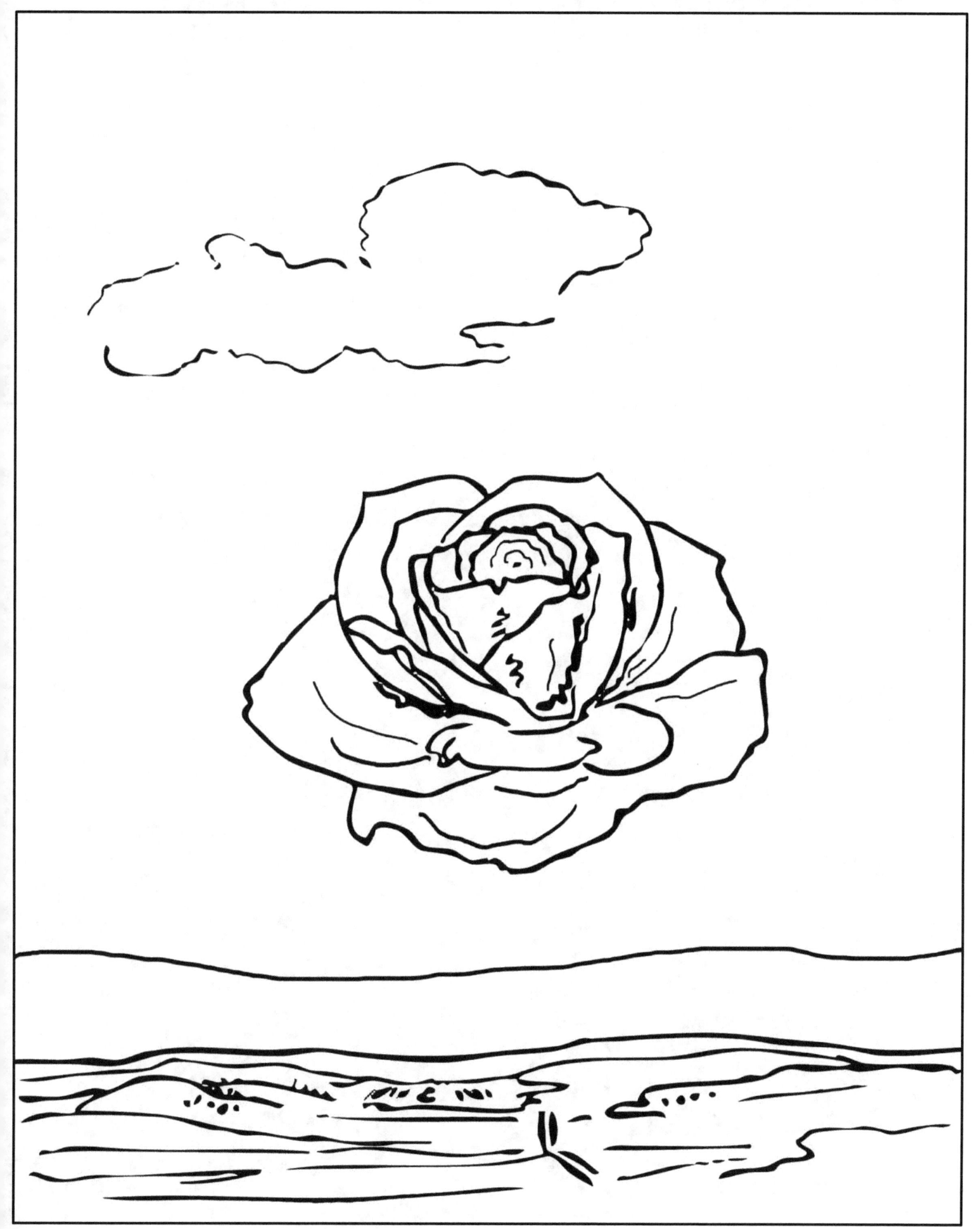

Salvador Dali. La Rosa. 1958

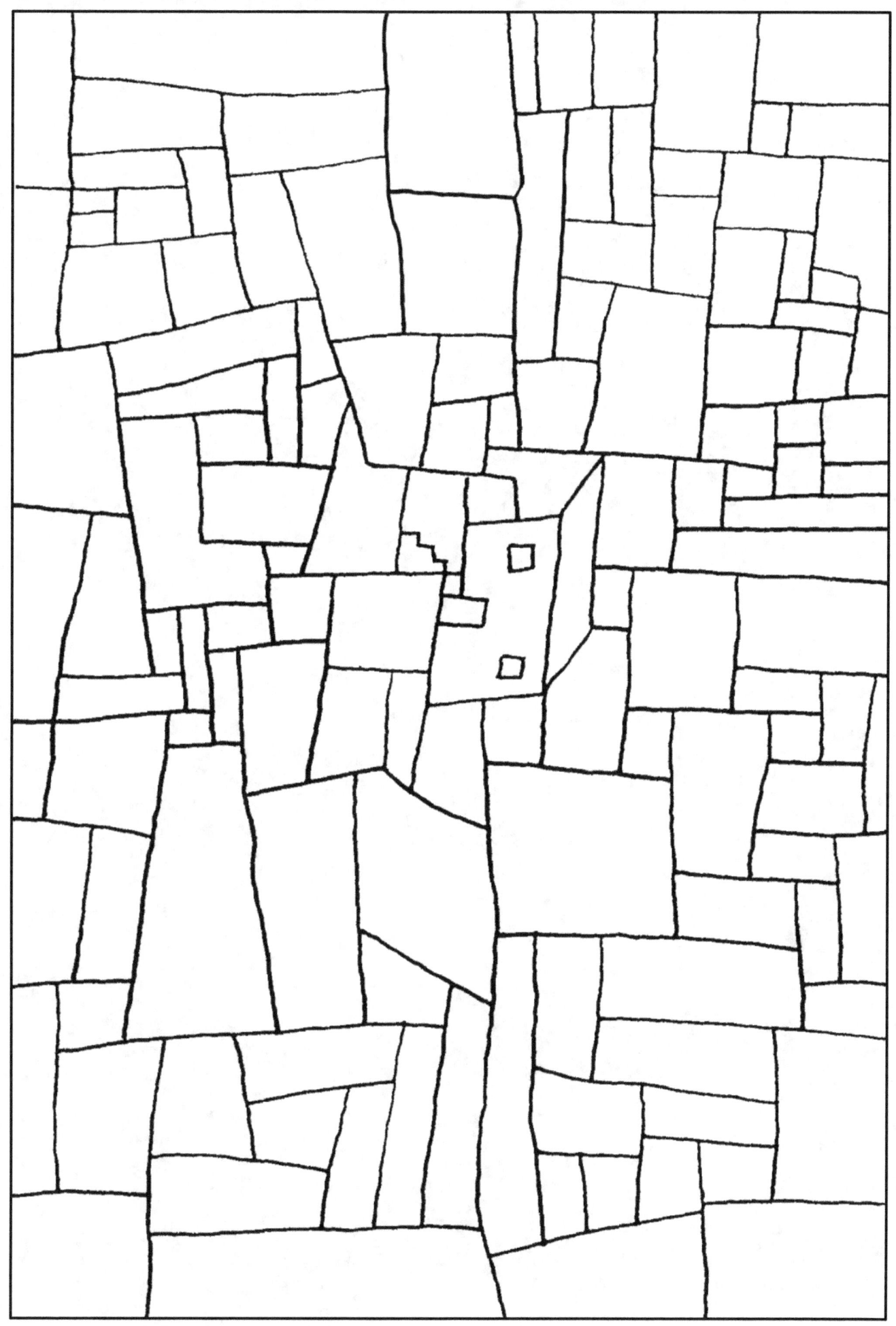

Paul Klee. Casa de campo. 1879-1940

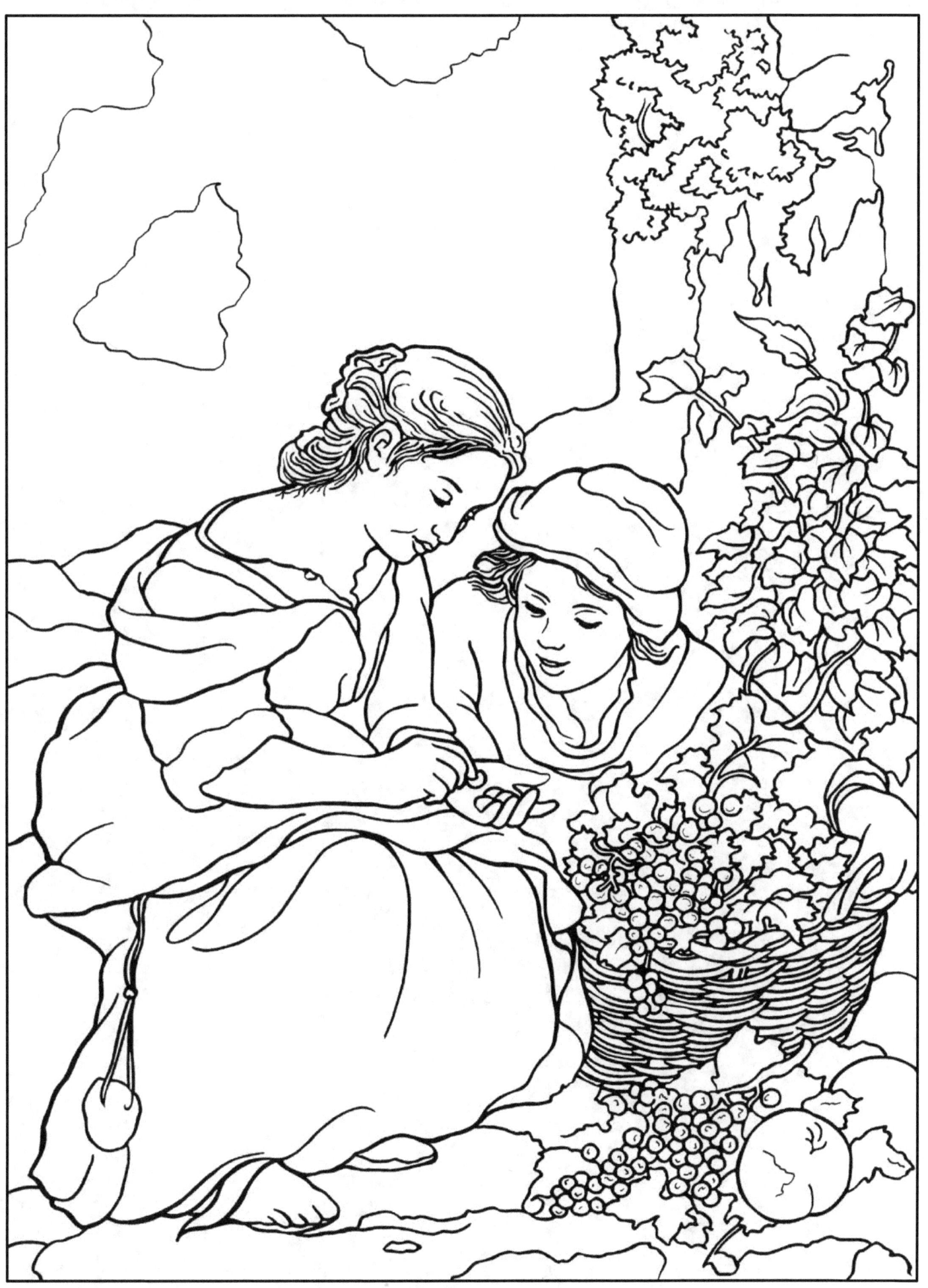

Bartolomé Esteban Murillo. El pequeño vendedor de frutas. 1670

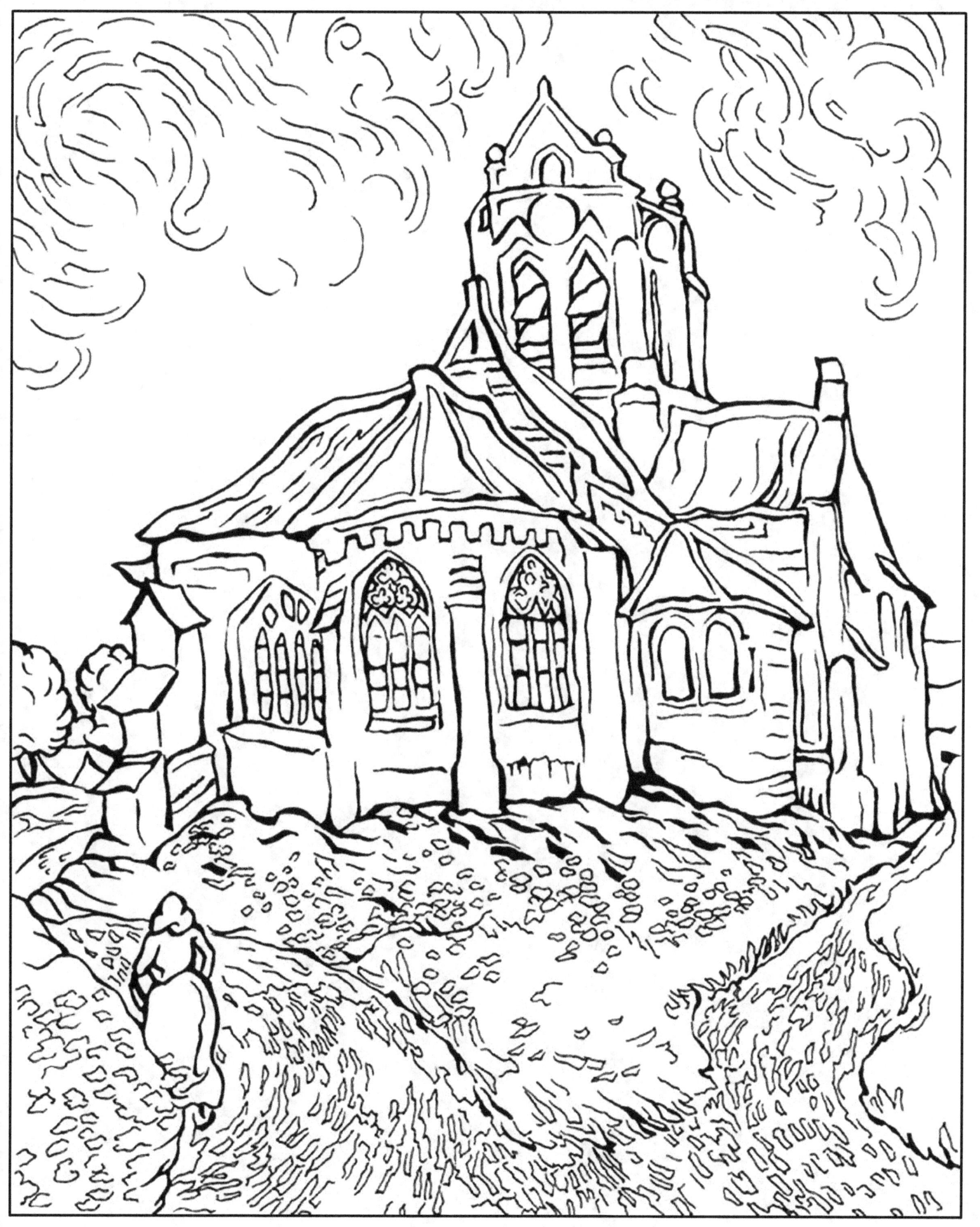

Vicent Van Gogh. La iglesia de Auvers. 1890

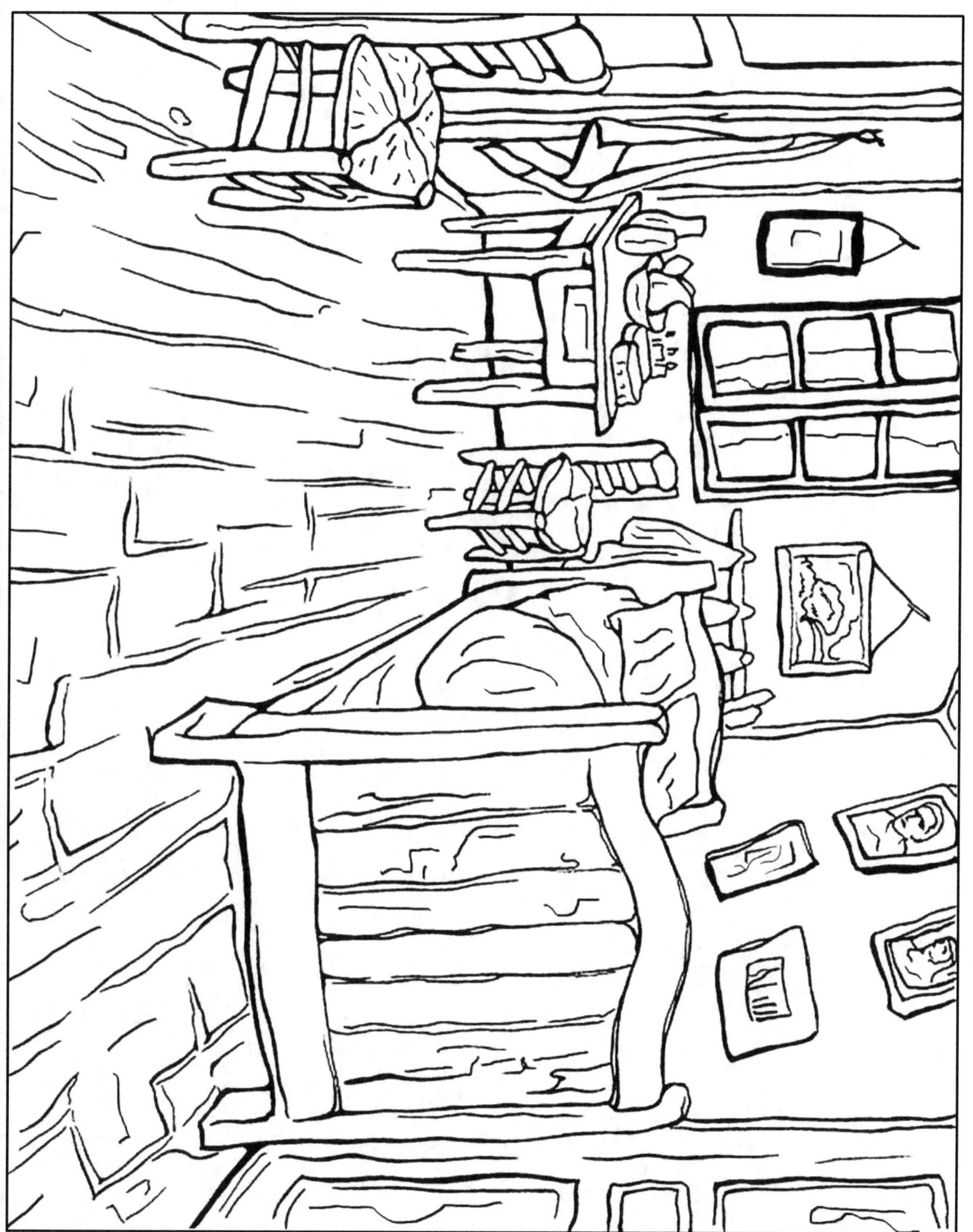

Vicent Van Gogh. La habitación. 1888

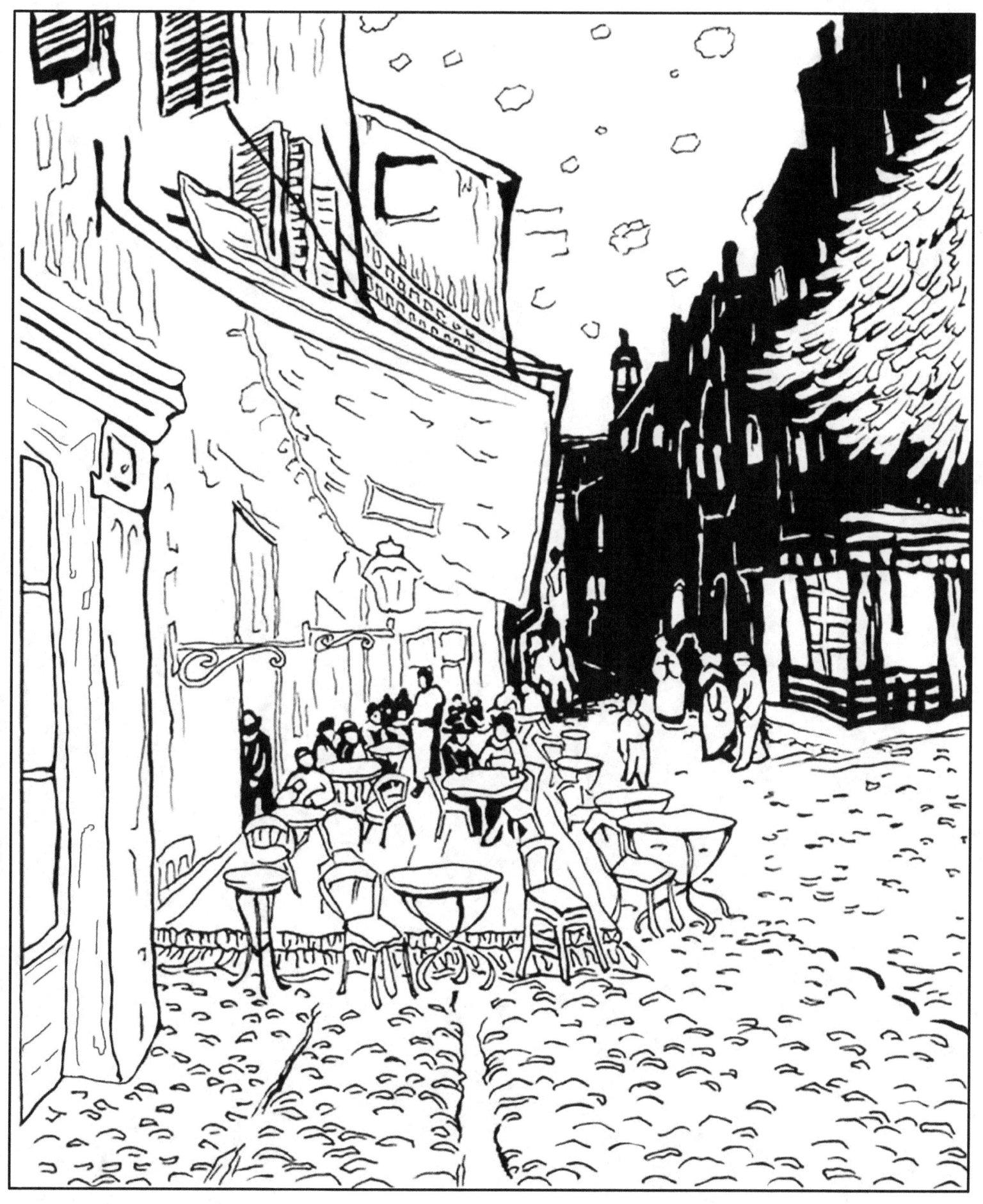

Vicent Van Gogh. Terraza de café por la noche. 1888

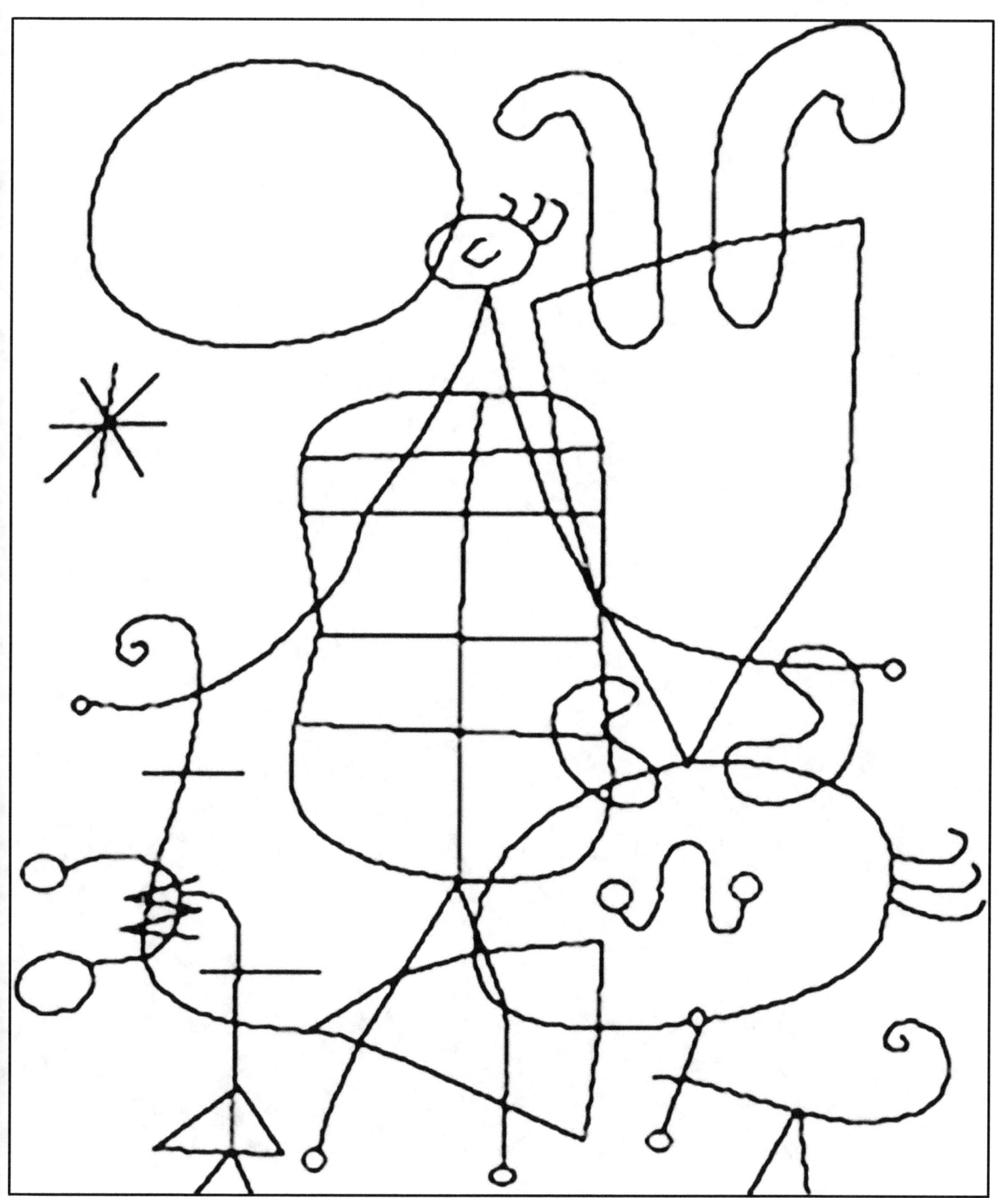

Joan Miró. *Perro bajo el sol.* 1933

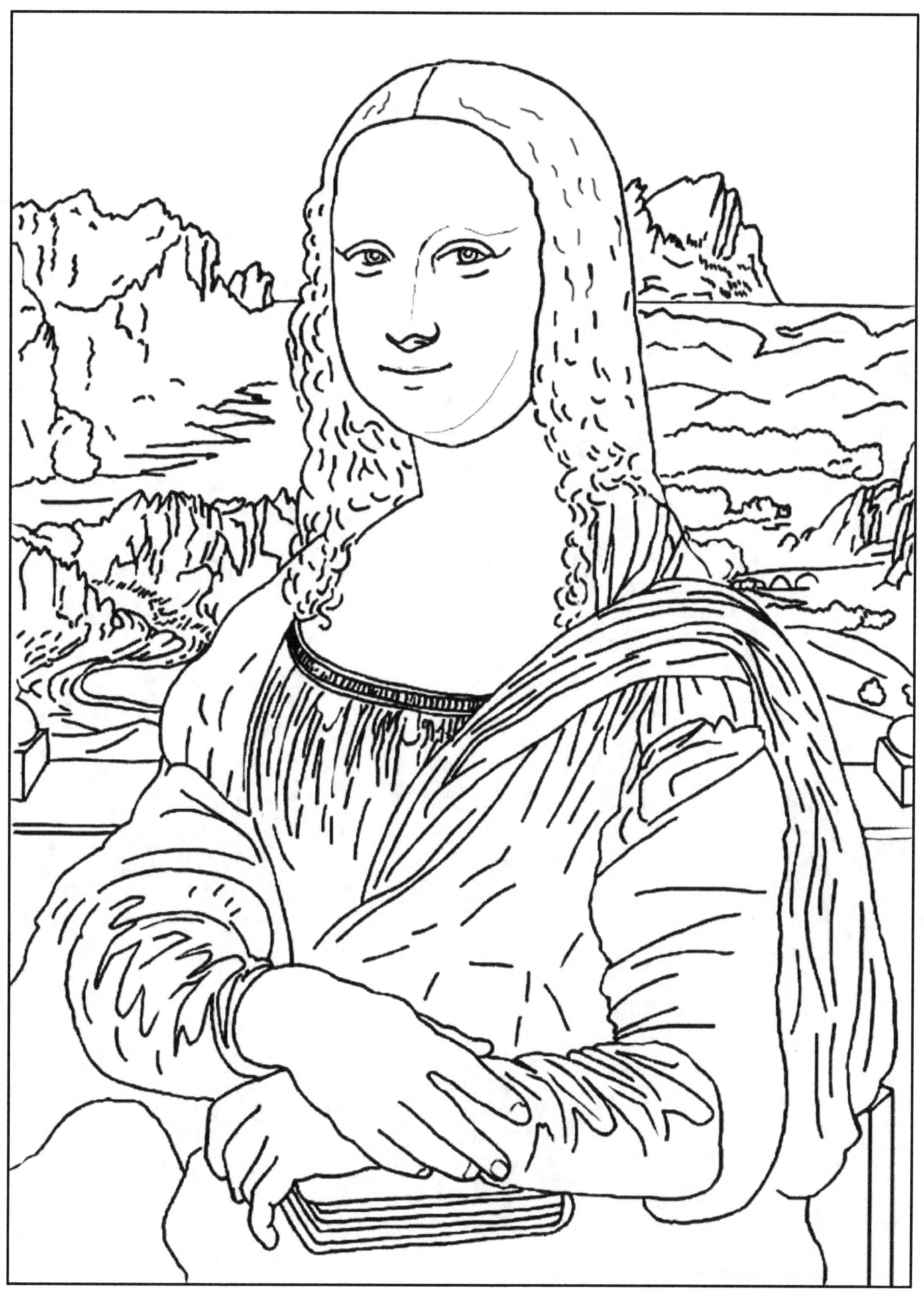

Leonardo da Vinci. Mona Lisa. 1503-1519

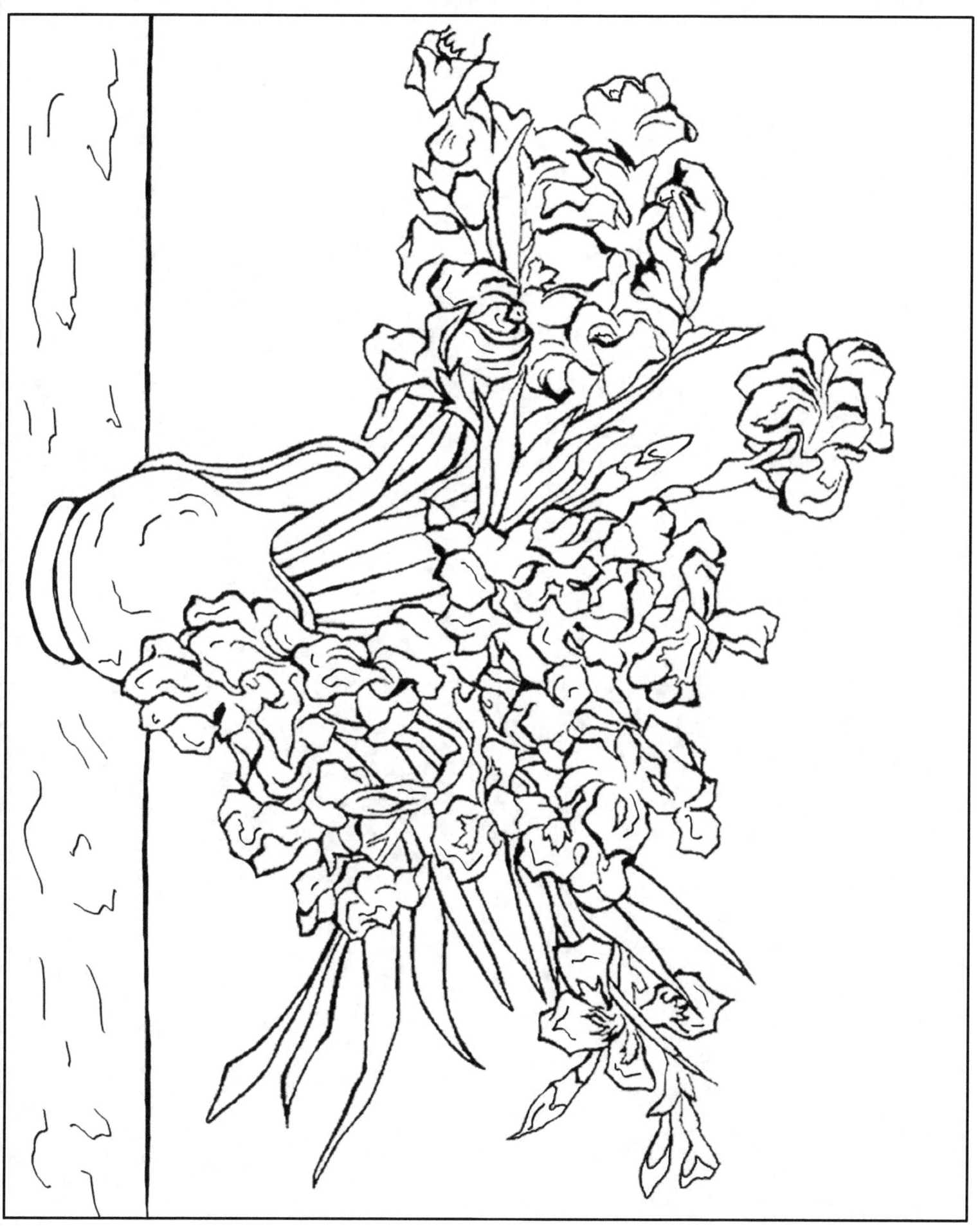

Vicent Van Gogh. El Jarrón con lirios. 1890

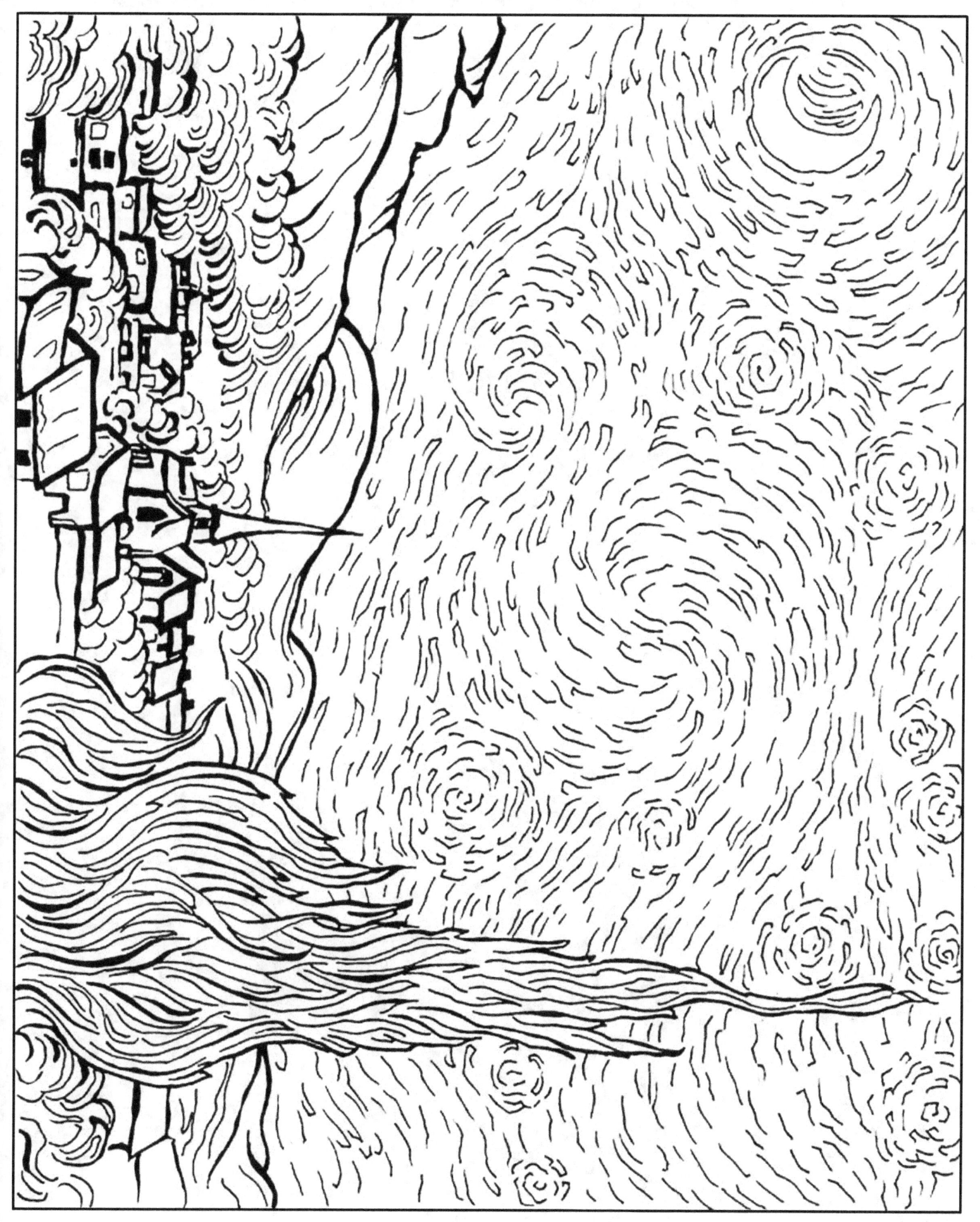

Vicent Van Gogh. La noche estrellada. 1889

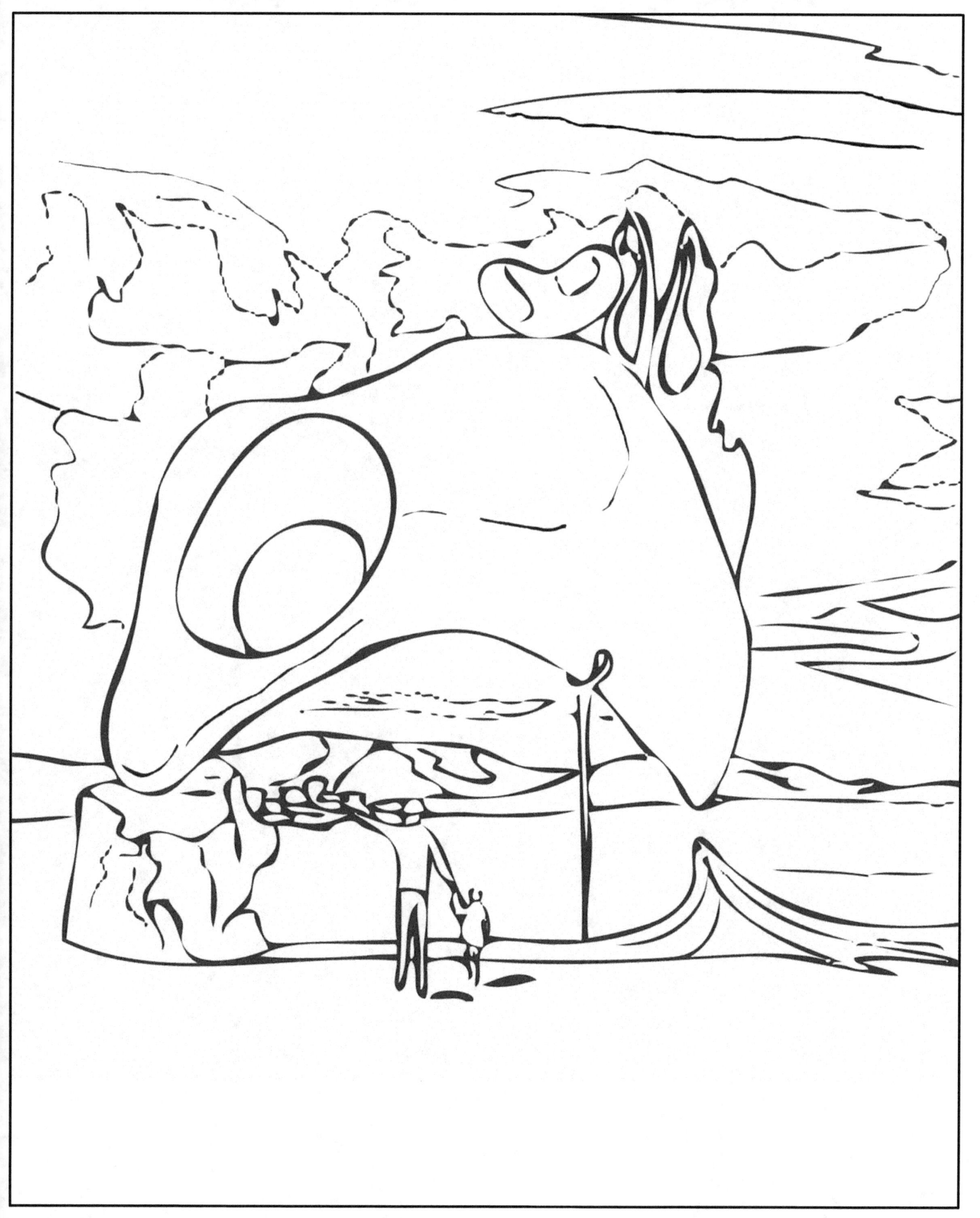

Salvador Dalí. Vestigios después de la lluvia. 1934

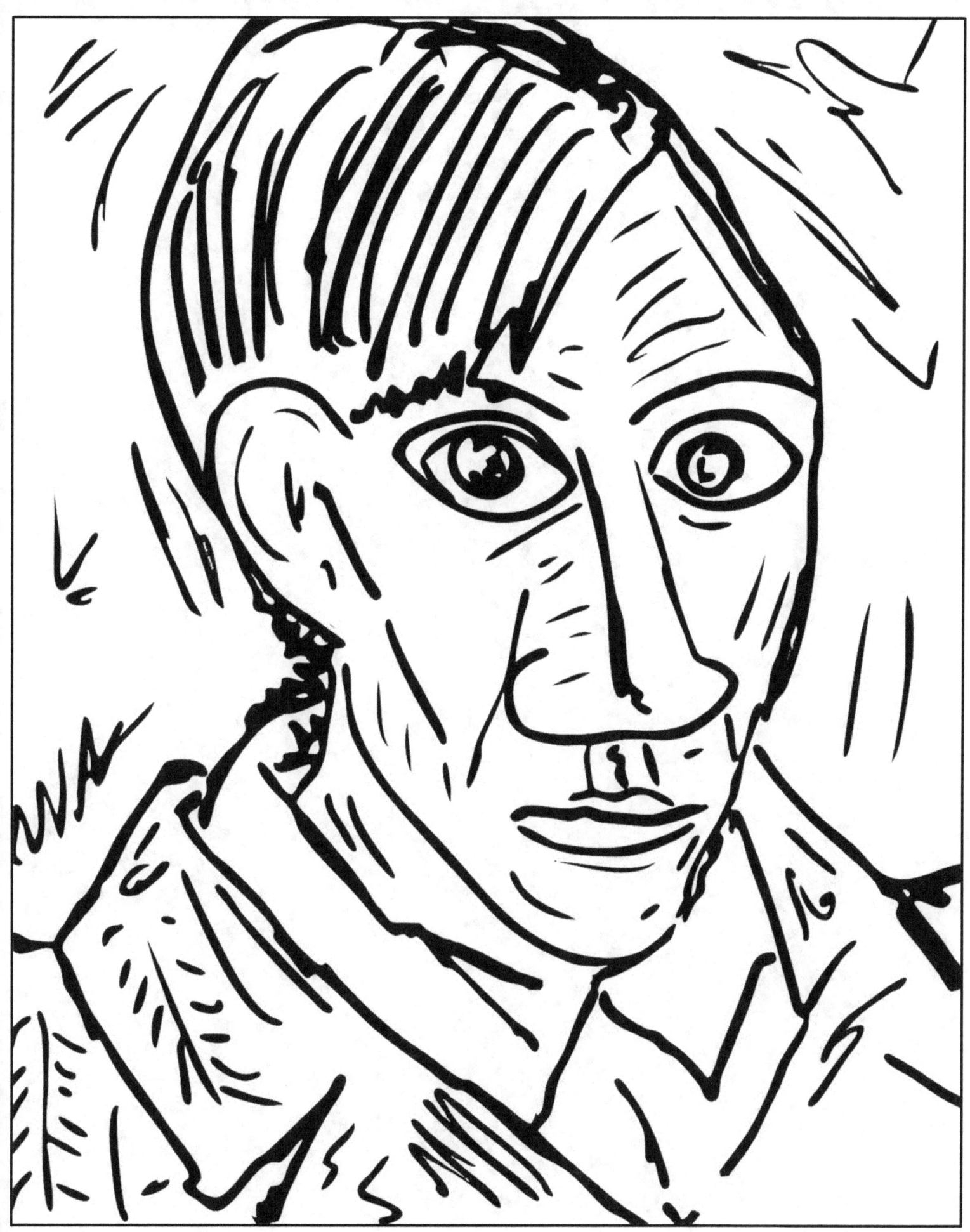

Pablo Picasso. Autorretrato. 1907

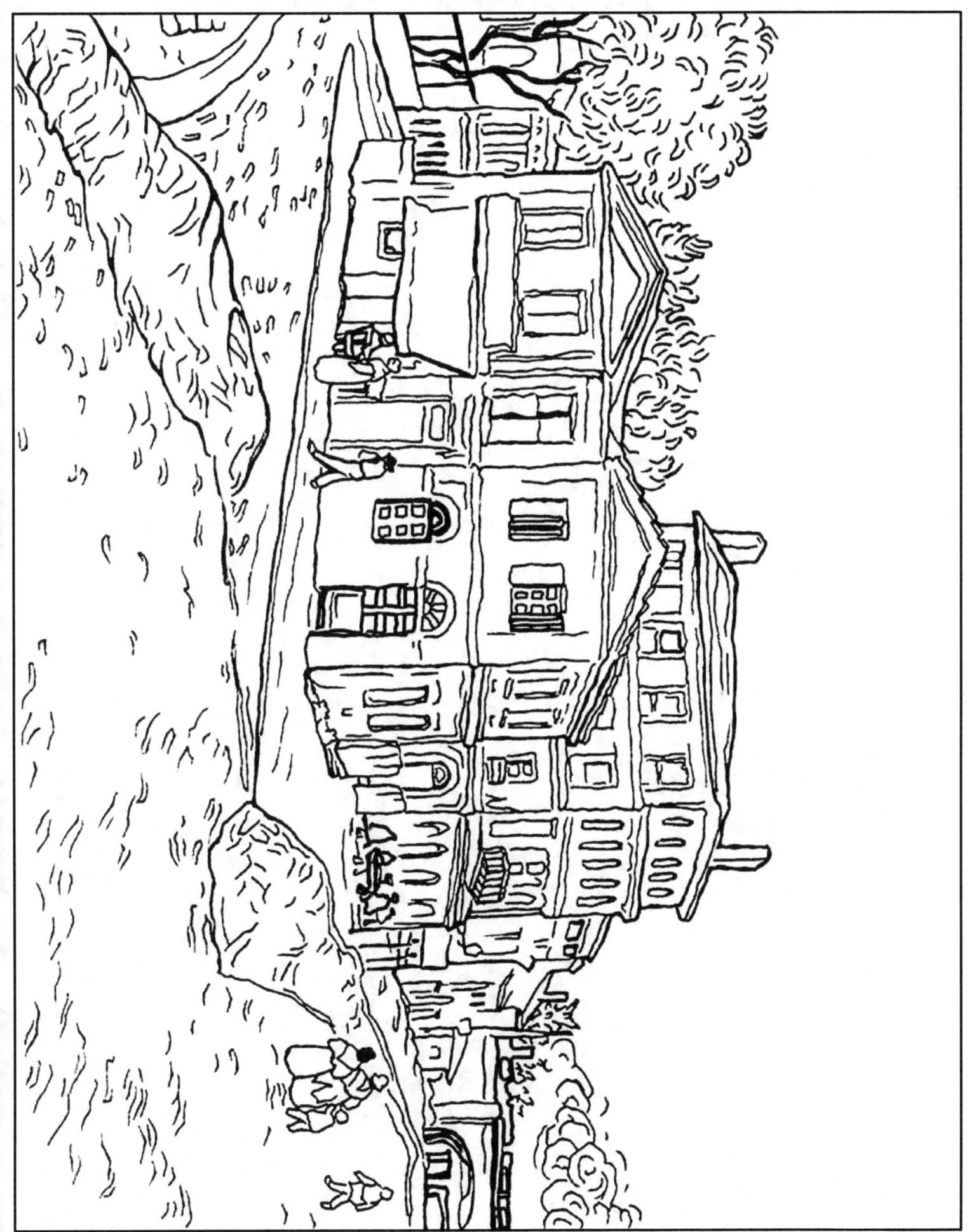

Vicent Van Gogh. La casa amarilla. 1888

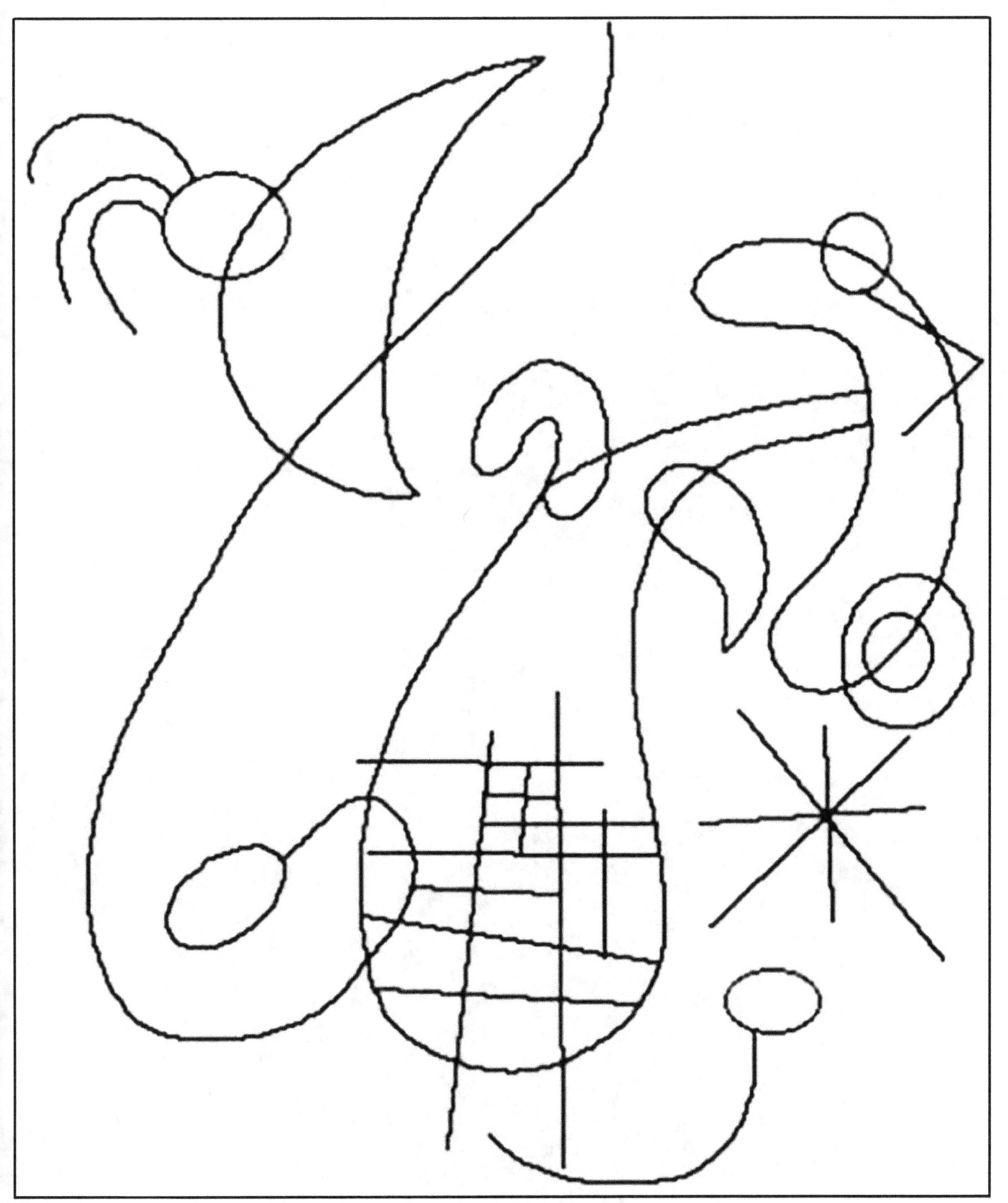

Joan Miró. Cantante melancólico. 1912-1983

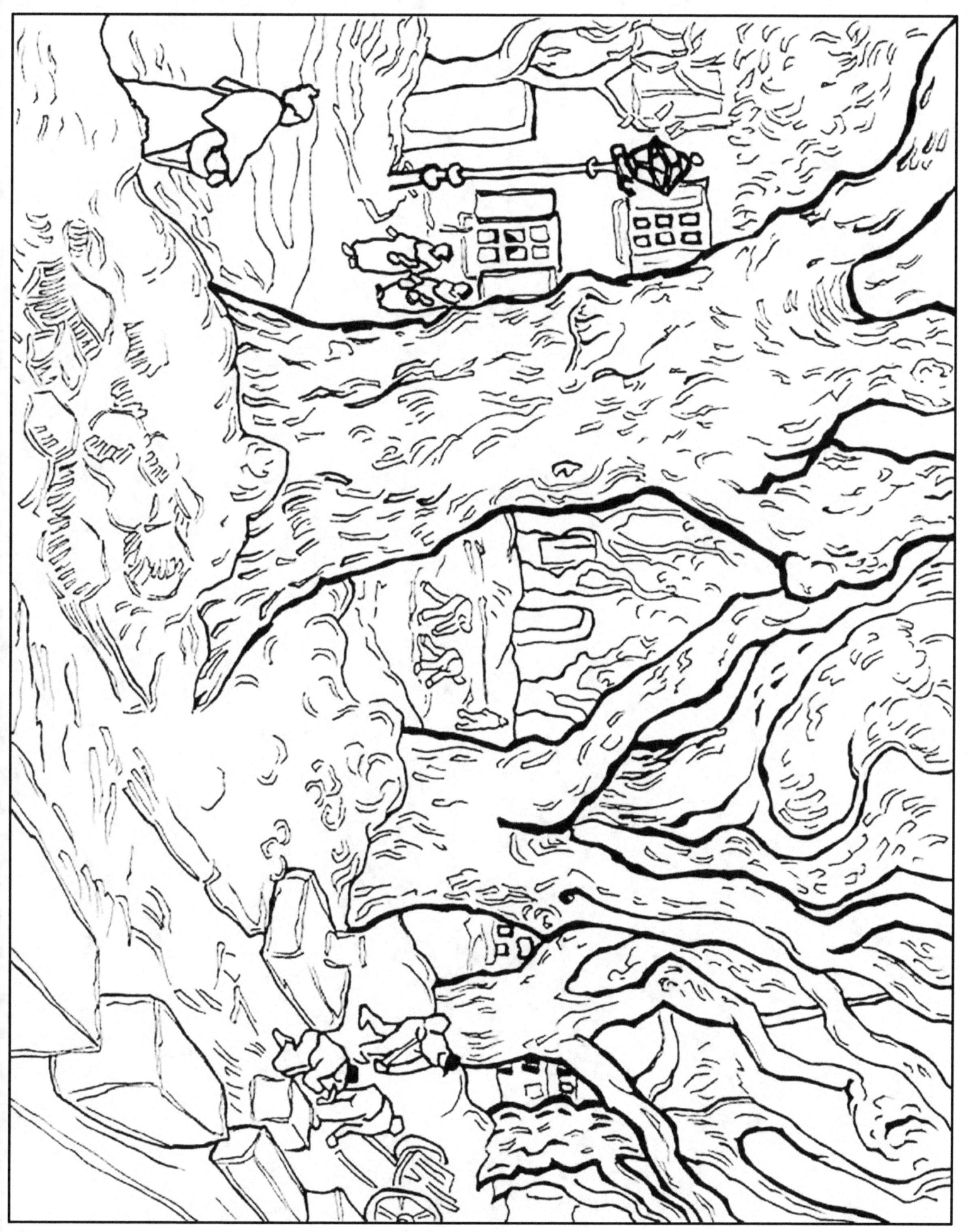

Vicent Van Gogh. Los reparadores de caminos. 1853-1890

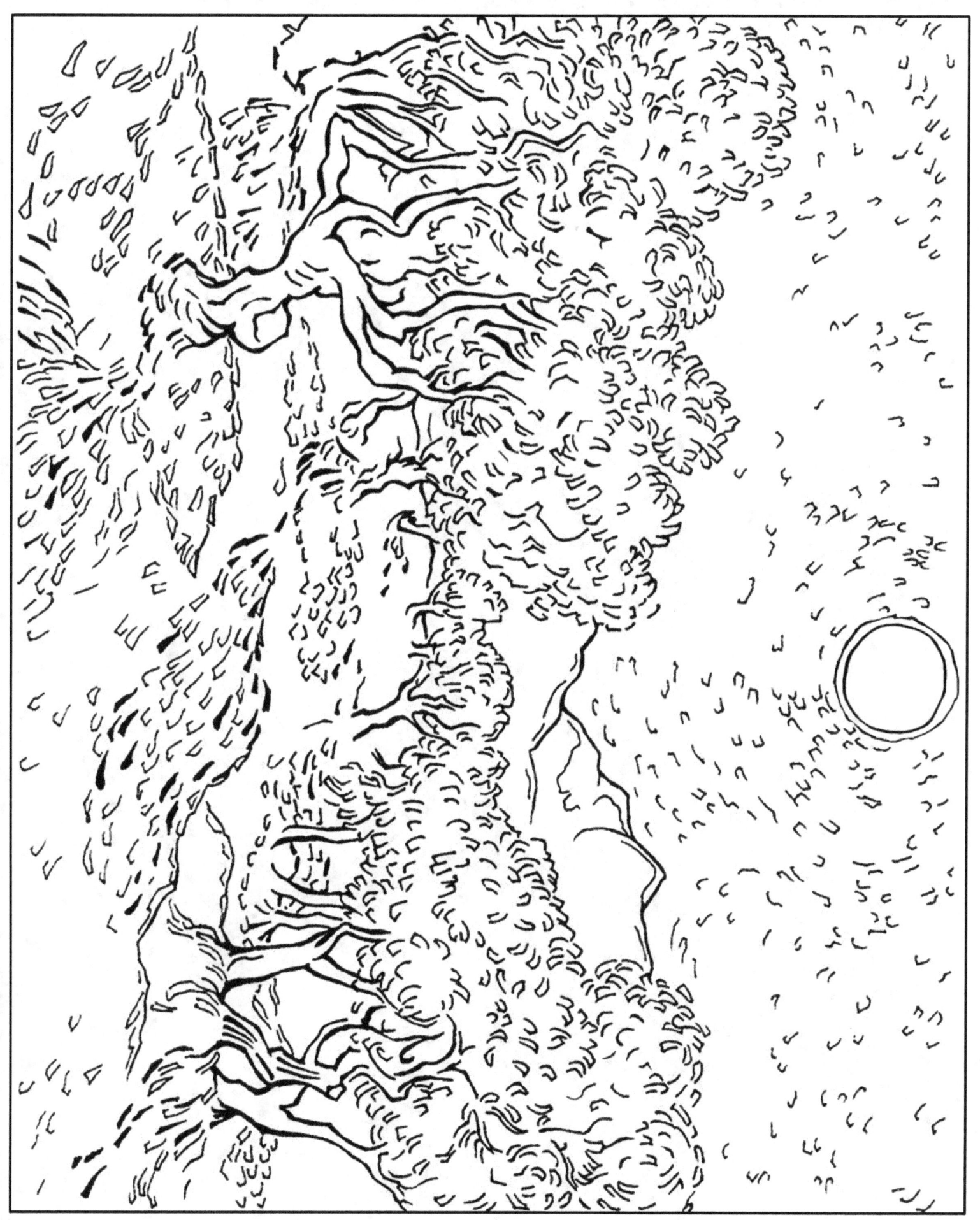

Vicent Van Gogh. El huerto de olivos. 1889

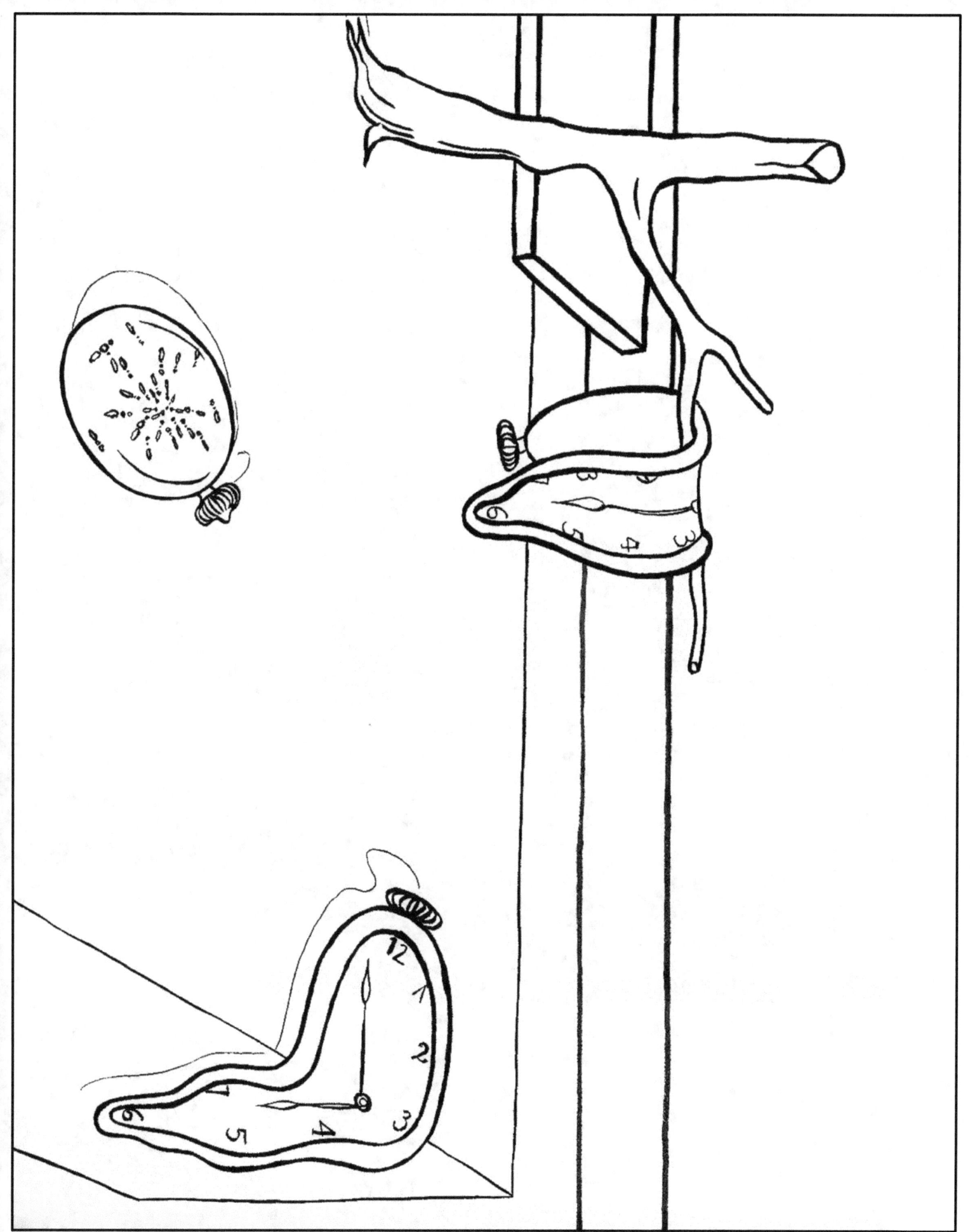

Salvador Dalí. Persistencia de la memoria. 1931

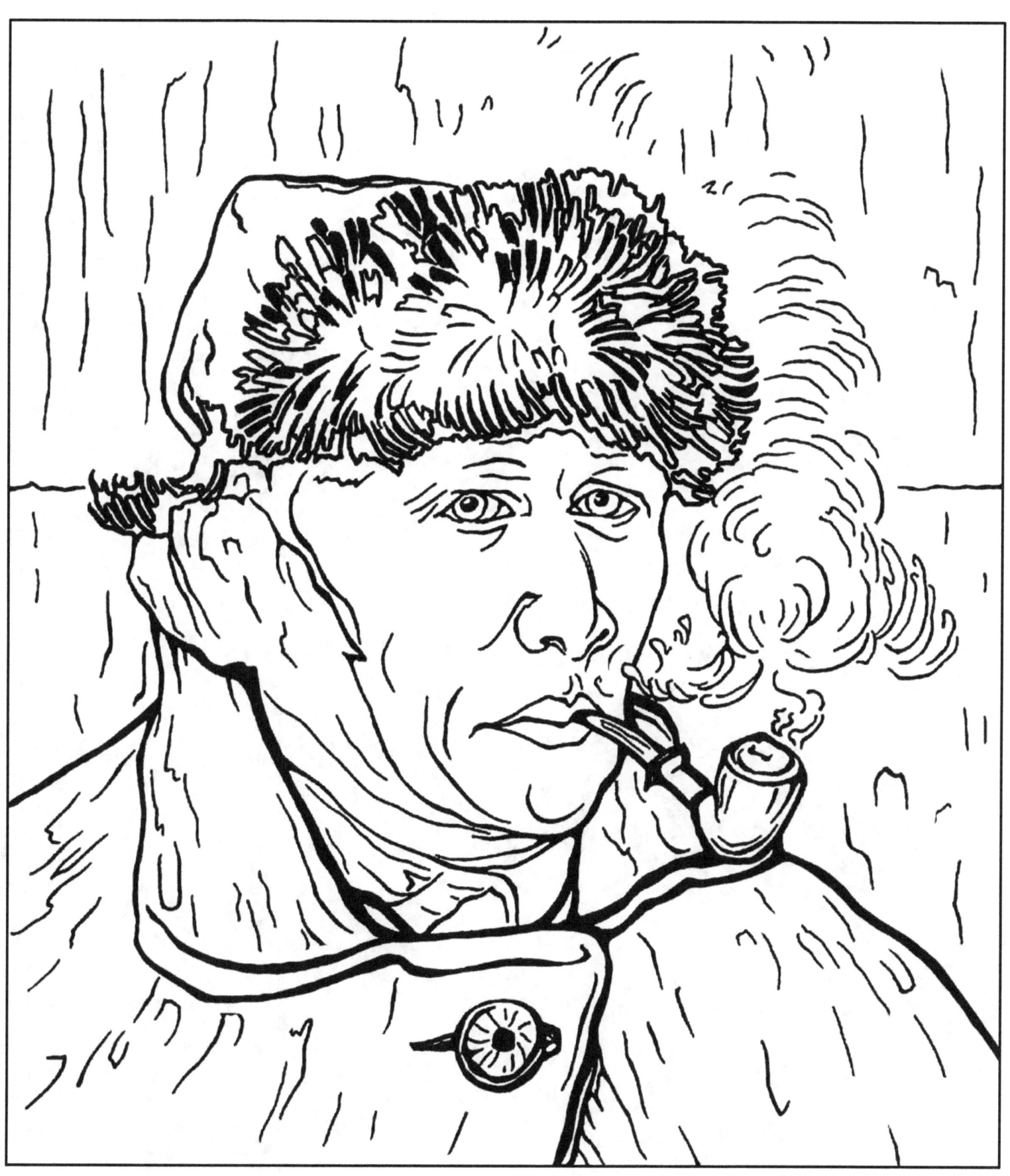

Vicent Van Gogh. Autorretrato con oreja vendada y pipa. 1889

Gracias por elegir Ryan Avas@

No olvide dejarnos su opinión si le ha gustado,

¡SE LO AGRADECEMOS!